Dr. Lutz Knoche

Traumata der Menschheit
Teil I
Global Coming out

Dieses Buch ist eine Neufassung zum Buch
„EROS- 300.000 Jahre Evolutions- Geschichte"

AF220680

Herstellung und Verlag
BoD- Books on Demand, Norderstedt
ISBN **9783752688528**

Zum Autor

Dr. Lutz Knoche arbeitete viele Jahre als Psychotherapeut und als Coach. Seit einigen Jahren hat er begonnen Ratgeber zu schreiben, die auf sein Wissen und seinen praktischen Erfahrungen beruhen. In seinen Büchern bezieht er Fallbeispiele aus seiner Praxis ein und stellt bewährte Übungen für eine unmittelbare Hilfe vor. Neben der klassischen Psychologie hat er therapeutische Hypnosen und bioenergetische Methoden entwickelt und erfolgreich angewandt. Er arbeitete mit vielen Menschen aus allen Schichten, mit sozialbenachteiligte Jugendlichen, Paaren, jungen Unternehmern im Erfolgscoaching, Politiker, Unternehmer, Geschäftsführer und Künstler. Jetzt will er hauptsächlich sein Wissen und seine Erfahrungen durch Veröffentlichungen vielen Menschen zugänglich machen.

Traumata der Menschheit
Teil I
Global Coming out

Inhaltsverzeichnis

1.Epilog

In den großen Religionen der Erde steht es geschrieben. Einst lebte Adam und Eva im Paradies. Eines Tages flüsterte die Schlange Eva ins Ohr, sie sollte die verbotene Frucht vom Baum der Erkenntnis pflücken und sie mit Adam essen. Schließlich tat sie es und reichte den Apfel dieses Baumes Adam. Beide aßen sie davon. Nun erkannte Adam die Nacktheit seiner Gefährtin und ihm durchfuhr ein Schauer, der seine ganzen Sinne erfasste. Er streichelte vorsichtig und neugierig die Brust von Eva und sah, wie ihre Brustwarzen ganz hart wurden. Evas Körper zitterte vor Erregung. So etwas hatte sie noch nie erlebt. Dann sah sie die unruhigen Augen ihres Gefährten und betrachtete ihn ebenfalls in seiner Nacktheit. Sie sah, dass sein Glied welches er zwischen seinen Beinen trug immer größer und steifer wurde. Auch sie nahm ihre Hand und streichelte vorsichtig dieses sich aufbäumende Teil. Kaum hatte sie es berührt, zuckte es kraftvoll in ihren Händen und Adam stöhnte leise. Es war aber ein freudiges Stöhnen. So wie sie es von ihn noch nie gehört hatte. Das erregte sie noch mehr und sie fühlte ebenfalls ein Prickeln zwischen ihren Beinen. Auch Adam nahm seine Hand und führte sie dahin. Er bemerkte, wie ihre Schamlippen anschwollen und zwischen ihnen wurde es feucht. Mit den Fingern strich er vorsichtig durch die sich weiter öffnende Spalte. Immer hoch und runter. Eva spürt, dass sich dort in ihr drin ein großes, süßes Geheimnis verbergen musste. Adam bemerkte ebenfalls die steigende Erregung Evas, die er mit seinen Fingern hervorrief. Das stachelte ihn an, tiefer und schneller damit fortzufahren. Das gleiche tat Eva jetzt an dem nun harten aufgeregt pumpenden Glied von Adam. Das um klammerte sie jetzt nun mit ihrer Hand. Beide stöhnten in ihrer noch nie erlebten Erregung. Und wussten nicht, was da mit ihnen geschah. Aber es war wunderbar. Eva spreizte ihre Beine, damit Adam immer tiefer durch ihre nun ganz feuchte Spalte gleiten konnte. Sie spürte immer stärker, wie wundervoll dieses Geheimnis sein musste. Ihr Körper schwankte. Sie legte sich auf den Rücken und zog Adam auf sich. Ganz von allein glitt er mit seinem steifen Glied in die Scheide seiner Gefährtin. Wie von Sinnen stöhnten sie und bewegten ihre Körper in wilder Ekstase. Es war die erste orgastische Vereinigung zweier Menschen, die vorher noch nicht einmal geahnt hatten, dass etwas Schönes geben kann. Sie trieben es bis zum Abend, denn sie konnten kein Ende finden. Dann aber kam Gott und sah, was sie taten. Eine Weile sah er ihnen voller Interesse heimlich zu, dann aber hörte er, wie Eva rief: „Oh mein Gott ist das schön." Adam aber antwortete: „Warum Gott, ich bin es, der dir dieses Glück schenkt." Als Gott das hörte, erkannte er, dass ihn die Menschen nicht mehr brauchen, um glückselig zu sein. Der Baum der Erkenntnis hatte ihnen gezeigt, dass es noch viel Schöneres gab, als im Paradies zu sein. Dazu haben sie kein Gott gebraucht. Da tobte er vor Wut und vertreib sie aus dem Paradies. Seitdem predigen die selbsternannten Vertreter Gottes auf Erden, dass Sex Sünde und unmoralisch ist. Nur heimlich und unter strengster Einhaltung von Regel ist es erlaubt. So wurden Ängste geschürt. Und selbst heute noch habe die meisten Menschen ein gestörtes Verhältnis dazu. Die Erlebnisse im Paradies, wie ich sie gerade beschrieben habe, werden heute noch als pornographisch abgestempelt. Das ist unglaublich. Es zeigt, wie tief die Lügen über einen eigentlich fundamentalen natürlichen Prozess in unseren Köpfen eingehämmert wurden. Das Wort Pornographie ist das erste Wort, welches ich als Unwort in diesem Buch identifiziere. Es gehört abgeschafft. Weitere werden folgen.

Als die Geschichte von Adam und Eva geschrieben wurde, sah die Welt aber schon ganz anders aus. Die Menschen lebten seit hunderttausenden von Jahren auf der Erde und vergnügten sie voller Freude lustvoll polygam und bisexuell miteinander. So wie es in der Natur schon Millionen von Jahren geschah. Wenn Sie dieses Buch verstehen wollen, dann überwinden Sie Ihre Scheu. Rufen Sie jetzt laut und voller Freude drei Mal: SEX, SEX, SEX! Verlieren Sie Ihre Skrupel, denn Sie wurden belogen. Sex ist gar nicht peinlich und erst recht ist es keine Sünde. Ja, es ist wahr, man hat Sie 2000 Jahre lang belogen und betrogen und Ihnen dadurch viel Lebensfreude geraubt. Die von der Kirche gepredigte monogame, heterosexuelle Ehe, in der die Frau dem Mann untergeordnet wurde, und das zwei Jahrtausende während Verbot der Liebe in ihrer Vielfalt, ist ein Verbrechen an der Menschheit. Das führte zu viel Leid und zu einer Verfremdung unserer natürlichen evolutionären Entwicklung. Davon haben sich die meisten Gesellschaften auch heute noch nicht befreit. Das werde ich ihnen in diesem Buch aufzeigen. Die sexuelle Verblendung war die größte Gehirnwäsche, die jemals über die Menschheit kam. Die Kirche hat falsches Zeugnis über die Sexualität abgelegt. Das haben die Menschen mit der Zeit geglaubt und viele tun es heute noch. Diese Regeln waren und sind unnatürlich. Es führte uns bis heute in ein kollektives Trauma. Ein Trauma voller Ängste und moralischen Irrglauben. Dieses Buch führt sie da raus. Es wackelt an den Fundamenten dieser absurden Moralvorstellungen Es ist ein Coming out aus dieser Zwangsjacke, in der wir uns befinden.

Aber dazu brauche ich ihre Hilfe. Die falschen Glaubenssätze/Überzeugungen, sind nicht nur mit dem Verstand zu erkennen und zu ändern.

Sie fühlen es auch, dass diese falsche Moral vermeidlich richtig ist. Da fällt es schwer, etwas zu ändern. Aber die Gefühle sind nicht echt. Sie sind oberflächlich. Auch wenn viele Menschen heute noch für diese falsche Moral kämpfen. Und auch sie so erzogen wurden und von Kindheit an falsche Moralvorstellungen von allen Seiten auf sie eingeströmt sind. Sie müssen tief in sich hinein horchen. Etwas ändern können Sie nur selbst. Auch wenn sie an Gott glauben, dann müssen sie aber nicht den selbsternannten Vertretern Gottes glauben. Das sind nur fehlbare Menschen wie du und ich. Gott ist in ihrem Herzen. Hören sie darauf und die Liebe und Glückseligkeit in ihrer Lust wird ihnen den richtigen Weg zeigen. Das Buch gibt ihnen Anleitungen, Anregungen und zeigt ihnen Möglichkeiten auf. Alles andere liegt an ihnen.

2. Die natürliche Entwicklung der Sexualität

Der Homo sapiens begann, seine Welt vor ca. 300.000 Jahren zu reflektieren. Er erkannte dass er die sexuelle Lust zu seiner Freude, wann immer er will und mit wem er will, ausleben kann. Das taten die ersten Menschen dann auch wild und hemmungslos. Ähnliche Verhaltensweisen gab es schon vor ihnen, und die gibt es auch heute noch bei allen Tierarten. Wie das Sexleben der Tiere wirklich aussieht, wurde lange Zeit verschwiegen. Die Tatsachen stellen nämlich unsere noch vorherrschende Auffassung von normal und unnormal, von natürlich und unnatürlich völlig auf den Kopf. Hier nun die Tatsachen. Dazu einen Ausschnitt aus GEO Online Magazin:

„Mittlerweile geht die Wissenschaft davon aus, dass Tiere Sex haben, weil es ihnen Spaß macht und die Lust befriedigt – und nicht, wie Naturforscher Charles Darwin meinte, nur um die Art zu erhalten. Bei Affen beiderlei Geschlechts konnte sogar nachgewiesen werden, dass sie einen Orgasmus haben. Bei den Tieren wurden die Hirnströme und Muskelkontraktionen gemessen.

Eine gleichgeschlechtliche Beziehung wird bevorzugt.

Die Palette an erotischen Verhältnissen und gleichgeschlechtlicher Aktivitäten im Tierreich ist groß: Delfinweibchen schieben beispielsweise ihre Flosse in den Genitalbereich der Partnerin. Wale reiben sich mit erigierten Penissen aneinander, männliche Seekühe bearbeiten das Geschlecht ihres Partners mangels Händen mit den Flossen, Zwergschimpansen-Männchen saugen am Penis eines anderen Männchens und Flussdelphine stecken ihren Penis ins Blasloch des Artgenossen…

Einige Tierarten lösen sogar ihre Konflikte oder Führungsfragen mit gleichgeschlechtlichem Sex - wie zum Beispiel Löwenmännchen. Sie haben Sex mit dem Konkurrenten, um sich gegenseitige Loyalität zu sichern und einvernehmlich das Rudel zu führen.“

www.geo.de/natur/tierwelt/13372-rtkl-homosexualitaet-im-tierreich

Verhaltensbiologie- Schwule, Lesben und Bisexuelle - im Tierreich ganz normal

Egal ob Fische, Vögel oder Säugetiere - wie Studien zeigen, praktizieren etwa 1500 Tierarten gleichgeschlechtliche Paarungen…
Es gibt viele Gründe, warum Tiere gleichgeschlechtlichen Aktivitäten nachgehen. Manchmal, weil gerade kein andersgeschlechtlicher Partner verfügbar ist. Zu anderen Zeiten macht es ihnen einfach Spaß, oder es geht darum, soziale Bindungen zu knüpfen oder Streit zu schlichten. Im Tierreich gibt es einfach keine Homophobie, wenn dann nur Heterophobie. Die meisten Tiere sind dabei nicht wirklich homo-, sondern eher bisexuell. Sie paaren sich auch mit dem anderen Geschlecht, etwa um Nachwuchs zu zeugen.
/www.dw.com/de/schwule-lesben-und-bisexuelle-im-tierreich-ganz-normal/a-39966868

Ein anderer wissenschaftlicher Beitrag

Vorfahren aller modernen Tiere waren bisexuell

Bisher gingen die Wissenschaftler davon aus, dass im Tierreich Heterosexualität dominiere.
Doch damit lagen sie offenbar falsch! Die neuesten Forschungen der Universität deuten zudem darauf hin, dass Homosexualität im Tierreich viel weiter verbreitet ist, als bisher angenommen. Und: Sie könnte von Anfang an Teil des tierischen Verhaltens gewesen sein… da diese schon immer da gewesen sind".
Sie gehen sogar noch einen Schritt weiter und erklären, dass das heterosexuelle Verhalten mutmaßlich ein „abgeleitetes Merkmal" ist, das sich aus der bisexuellen Natur der Vorfahrenarten gemeinsam mit dem homosexuellen Verhalten evolutionär „ergeben hat.
www.bild.de/lgbt/2019/lgbt/studie-soll-beweisen-homo-und-bisexualitaet-ist-die-norm-im-tierreich-66130656.

So gesehen war Gott sehr klug. Er wusste aus dem Tierreich von der dominierenden Bisexualität. Deshalb hat er Adam und Eva geschaffen. Hätte er Adam und Peter oder Eva und Heidi geschaffen, wäre der Sündenfall wahrscheinlich schon viel früher eingetroffen. Man braucht nicht viel Fantasie, um sich vorstellen zu können, wie zwei nackte junge Mädchen oder zwei nackte Jungen, die alleine im Paradies sind, unkompliziert und offen gemeinsam ihre Lust entdecken. Das wollte Gott ja vermeiden. Aber das gelang ihm trotz des gewählten ungleichen Paares schlussendlich auch nicht. Dumm gelaufen.

Also was ist denn nun eigentlich unnatürlich? Halten wir einmal inne und stellen fest: Bisexualität ist die nachgewiesene natürliche Form aller Lebewesen. Homo- und Heterosexualität sind daraus hervorgegangen und bilden eine Minderheit. Sexuelle Praktiken, welche auch immer, richten sich nicht gegen die Natur oder sind unnatürlich. Das heißt, man hat uns belogen. Ein großer Teil in uns ist gar nicht ausschließlich heterosexuell und monogam auslegt. Und das entspricht unserer Natur, die uns damit den Weg der Lebensfreude und des sozialen Zusammenhaltes eröffnet.

Es wundert deshalb auch nicht, dass die überwältigende Mehrheit der Verhaltensbiologen von diesen sexuellen Praktiken in der Tierwelt schon lange wussten. Sie berichteten nur nicht darüber. So groß ist immer noch die Angst, über Sex in unserer heutigen Zeit offen zu sprechen. Zumal hier viele vorherrschende Glaubenssätze in Frage gestellt werden und sich ein völlig neues Bewusstsein über Sex eröffnet. Wenn wir heute davon ausgehen können, dass die sexuellen Erlebnisse im Tierreich dominierend bisexuell waren und sind, so trifft das auch für den Menschen zu. Argumente wie: Der Mensch ist kein Tier und „zivilisiert" und hat deshalb ein anderes Verhältnis zum Sex, ist absurd.

Warum sollte er denn das sexuelle Verhalten ändern, wenn sich Bisexualität von Natur aus als die geeignetste Form in der Entwicklung herausgebildet hat? Wir Mensch sind also von Anfang an in unserer Lust sehr vielseitiger gewesen. Die bewusste Gestaltung unserer Sexualität hatte zur Folge, dass wir generell polygam und bisexuell waren und in unseren Veranlagungen immer noch sind. Genau diese sexuelle Entfaltung war es, die uns zu dem werden ließ, die wir heute sind. Es stärkte unsere sozialen Verbindungen untereinander und die Liebe füreinander, die notwendig für unsere Weiterentwicklung war und ist. Aus der stärkeren sozialen Bindungen keimte das Gefühl der Liebe, die sich durch unser bewusstes Erkennen der Welt in der wir leben, zu einer universellen Kraft bei der Entwicklung des Menschen wurde. Das machte den Menschen einzigartig.

Von dieser Normalität haben wir uns erst in den vergangenen zweitausend Jahren abgewandt. Und das haben wir ursprünglich der katholischen Lehren zu verdanken, die heute noch diese absurden Lehren vom unnatürlichen Sex verbreitet. Die enorme soziale und seelische zerstörerische Auswirkung auf den Menschen in diesen zweitausend Jahren durch Irrlehren ist unfassbar. Wahrscheinlich kamen Millionen Menschen deshalb in dieser Zeit ums Leben. Von diesem Dämon hat sich die überwältigende Mehrheit der Menschen auch heute noch nicht befreit. Ja im Gegenteil, immer noch gibt es Millionen von Menschen, die sich fanatisch von diesen Unsinn blenden lassen. Sie verteidigen weiter Unwahrheit. Diese Lehren der Kirche sind unnatürlich und verachtenswert. Sie sind dermaßen abartig, dass sich selbst Kirchenvertreter nicht daran halten können. Die sexuelle und die damit untrennbare soziale Revolution stecken auch heute noch in den Kinderschuhen. Jede Entwicklung hat in der Evolution einen Sinn und soll zur Höherentwicklung führen, auch wenn das nicht immer harmonisch und ohne Komplikationen passiert. Die freie sexuelle Entfaltung des Menschen war damit ein wichtiger Meilenstein seiner Höherentwicklung. Hunderttausende von Jahren konnte sich dadurch der Mensch weiterentwickeln, getragen von der gemeinsamen Lust aneinander. In seinem sozialen Verhalten gab es deshalb in dieser langen Periode der menschlichen Entwicklung auch keinen Unterschied zwischen Mann und Frau. Jeder hatte gleichberechtigt seine Stelle in der Gesellschaft. Es gab überhaupt keinen Grund, warum das nicht so sein sollte. Auch wenn es zwischendurch immer mal in einigen Regionen Störungen in dieser Entwicklung gab, machte uns diese soziale Gleichstellung der Geschlechter, in ihrer ergänzenden Unterschiedlichkeit, zu den Menschen, die wir heute noch sind. Das änderte sich nach Beendigung der friedlichen Epoche der Ackerbauern und Viehzüchter durch die gewaltsamen Eroberungszüge. Damit wurde das Land zum Eigentum einiger weniger erklärt. Der Mann führte Kriege und wurde Eigentümer. Er hatte die Vorherrschaft in der Gesellschaft und die Frauen waren besitzlos und von ihm abhängig. Das läutete den vorläufigen Untergang der vorher lange existierenden Gleichstellung der Geschlechter ein. Damit änderte sich allmählich das Verhältnis zwischen Mann und Frau grundlegend. Die sexuelle Lusterfüllung wurde immer mehr zur Lustbefriedigung und rückte wieder näher an das Tierreich ran. Die wichtige soziale Bedeutung bei einer gleichberechtigten, sich gegenseitig unterstützenden Weiterentwicklung zwischen den Geschlechtern verlor an Bedeutung. Das soziale Leben wurde durch festgelegte Regeln der herrschenden Klasse von Männern bestimmt und, wenn es sein musste, mit Gewalt durchgesetzt. Sex wurde entweder zu einer Pflicht oder zur Ware. Mit der Entstehung des Privatbesitzes veränderten sich die gesellschaftlichen Bedingungen, und der Mensch hörte auf, sich sozial und sexuell weiter zu entwickeln. Die Folgen daraus sind auch heute noch zu spüren. Diese negative Entwicklung erreichte ihren Höhepunkt mit dem Einzug der katholischen Kirche vor ca. 2000 Jahren, die später der herrschenden Klasse als perfektes Machtinstrument dienten. Jetzt war die Frau offiziell des Mannes Untertan und Sex wurde mit der Zeit in fast allen Beziehungen untersagt – außer in der heterosexuellen Ehe. Und die konnte zu dieser Zeit nur von der Kirche legitimiert werden. Der Mensch wurde zur Monogamie und zur Heterosexualität mit aller Gewalt gezwungen. Selbst das konnte er nur, wenn die Kirche vorher ihren Segen dazu gegeben hat. Die Menschheit wurde damit erniedrigt und unterdrückt. Seitdem befinden wir uns bis heute größten Teils in einer ständigen sexuellen Unausgeglichenheit. Das machte uns unzufrieden und es entwickelten sich Streit, Neid, Eifersucht, Gewalttätigkeit, Kindesmissbrauch und vieles mehr. Unsere Welt würde heute viel besser aussehen, wenn es diese verbrecherische Einflussnahme auf unsere freie sexuelle Entwicklung durch die Kirche nicht gegeben hätte.

Trotzdem, zweitausend Jahre sind eine kurze Zeit in der Entwicklungsperiode des Menschen und diese unnatürlichen und grotesken Regeln und Normen dieser Religionen wurden auch immer wieder in Frage gestellt. Heute sehen es viele Menschen anders und auch die Gesellschaft schafft immer mehr Freiräume zur sexuellen Selbstbestimmung. Aber von einer natürlichen, freien Lusterfüllung sind wir immer noch weit entfernt. Zu fest sitzen die tausende von Jahren geprägten falschen Regeln und Normen noch in vielen Köpfen. Selbst die Gesetze und „moralischen" Normen in unserer Gesellschaft werden immer noch durch diese Einflüsse geprägt. Sie beeinflussen uns ab unserer Geburt. Vorurteile und Glaubenssätze werden schon im Kindesalter angelegt und fest in uns verankert, ohne dass wir in diesem Alter bewusst darauf Einfluss nehmen können. Später sind dann viele fest von diesen moralischen Prinzipien überzeugt, auch wenn sie falsch sind und ihre eigene Lebensqualität schmälern. Das führt in unserer heutigen Zeit zu größer werdenden Problemen. Auch in unserer Epoche lebt der überwältigende Teil der Menschen seine natürliche, wundervolle freie Lust nicht aus und von der sozialen Förderung durch eine freie Sexualität entfernen wir uns zurzeit sogar immer noch weiter. Aber die Bedingungen, wieder unseren Weg zu finden, sind vorhanden. Und zwar mehr als je zuvor. Wenn es auch noch ein steiniger Weg bis dahin ist, können wir heute schon damit beginnen und wieder glücklicher werden. In diesem Buch präsentiere ich dazu Denkansätze und Vorschläge. Um unsere sexuellen Wünsche zu verstehen und um sie frei und glücklich ausleben zu können, ist es notwendig, die natürliche Entwicklung der Sexualität des Menschen zu durchleuchten. Das hilft uns, unsere heutigen Probleme zu verstehen. Durch Vorurteile und falsche Glaubenssätze wird die sexuelle Entwicklungsgeschichte oft aus einer daraus abgeleiteten Moral beschrieben. Teilweise auch falsch interpretiert oder Tatsachen verschwiegen. Vieles wird einfach nicht erwähnt, als untypisch abgetan oder in einen völlig falschen Zusammenhang gebracht. Wir werden also immer noch in die Irre geführt. Teilweise wird das bewusst gemacht, aber zum größten Teil, weil die Menschen, die sich damit beschäftigen, natürlich selbst auch eigenen Vorurteilen und den Glaubenssätzen unserer Zeit unterliegen. Dadurch werden historische Funde verdrängen. Das ist nichts Neues bei vielerlei Arten von Darstellungen geschichtlicher Prozesse. Sie erfolgt häufig nach eigenen Glaubenssätzen und Vorurteilen. Und sicherlich gibt es auch noch viele vorurteilsfreie Berichte dazu, die in den Geheimarchiven der katholischen Kirche liegen und uns nicht zugänglich sind. Wir müssen das Geschichtsbild über uns radikal ändern, denn es gibt zu viele Wahrheiten, die bisher verschwiegen wurden. Ich lade Sie ein zu einer spannenden Reise durch 300.000 Jahre Geschichte der sexuellen Entwicklung des Menschen. Diese geschichtliche Entwicklung will ich garniert mit fiktiven Geschichten aus den einzelnen Epochen, die sich so zugetragen haben könnten, wenn man einigen prähistorischen und historischen Befunden folgt. Aber es geht mir nicht darum, eine neue Geschichte der Menschheit zu schreiben, denn ich bin kein Historiker. Ich möchte Ihnen auf unterhaltsamer Weise etwas von dem zeigen, was wir vor 2000 Jahren verloren haben, damit wir es endlich wiederfinden können. Es soll ihnen eine neue Sichtweise der sexuellen Freiheit eröffnen, wie sie bisher noch nie dargestellt wurde, und sie zu sich selbst führen. Für einige kann das auch manchmal schockierend sein. Aber unsere sexuelle Entwicklung begann nicht erst vor 2000 Jahren, sondern vor einer Million Jahren. Viele neuzeitlich sogenannte moralische Normen in der heutigen menschlichen Gemeinschaft widersprechen unserer Natur, die evolutionär in uns steckt und eine tiefe Bedeutung für unsere glückliche Weiterentwicklung hat. Deshalb ist es wichtig ehrlich darüber zu schreiben, auch wenn erst einmal einige verärgert darüber sind. Ich glaube, dass es für uns Überlebens wichtig ist, dass Sex endlich wieder den Stellenwert bekommt den er verdient. Es ist unsere wunderbare Natur, auch wenn sie lange unterdrückt wurde. Jeder kann das fühlen und erkennen, wenn er sich von seinen Blockaden befreit, die ihn eingetrichtert wurden. Wir können es wieder ändern und freier leben als je zuvor.

3. Der Weg vom Fortpflanzungstrieb zum bewussten Erleben

Nach derzeitigen Erkenntnisstand entwickelten sich vor zwei bis drei Millionen Jahren aus einer Art des Australopithecus die Vertreter der Gattung Homo. Hier wurden zum ersten Mal fossile Werkzeugfunde entdeckt. Das lässt den Schluss zu, dass er die Umwelt damit bewusst zu seinem Vorteil veränderte. Er begann, die Welt zu erkennen, sich darin zu reflektieren und entwickelte ein Selbstbewusstsein. Damit wurde er sich auch allmählich seiner sexuellen Lust bewusst, die er nicht mehr ausschließlich zur Fortpflanzung befriedigen, sondern immer vielfältiger auslebten wollte. Im Tierreich gab es dazu schon zahlreiche Vorbilder, die er aber nun noch zielgerichteter und häufiger anwendete.

Die Evolution schaffte zu dieser Zeit ebenfalls körperliche und biologische Besonderheiten der menschlichen Sexualität, die unter anderem im versteckten Eisprung lagen.

Die Fruchtbarkeit von Tierweibchen wird in der Regel durch körperliche oder Verhaltenssignale mitgeteilt, damit in dieser Phase eine Befruchtung stattfinden kann. Beim Homo wurde der Eisprung „versteckt". Die Folge daraus war, dass der Geschlechtsakt bei ihm weniger stark mit der Fortpflanzung verbunden wurde. Das bewusst gesteuerte Sexualverhalten des Homo führte so über den Erbgutaustausch hinaus. Der stärkste, natürliche Trieb der Gattung Homo bekam eine immer wichtigere soziale Funktion. Daraus entstand eine Vielzahl sexueller, polygamer Orientierungen. Es war ein natürlicher Entwicklungsprozess.

Eine feste Verbindung zu einer bestimmten Person hatte der Homo sapiens, der sich vor 300.000 Jahren entwickelte, nach bisherigen Erkenntnissen zu dieser Zeit nicht. Zwar wird es in der Öffentlichkeit oft so dargestellt, entspringt aber ausschließlich den Vorstellungen der Autoren solcher Geschichten. Nachweisen lassen sich monogame Beziehungen aus dieser Zeit natürlich nicht. Das wäre auch sehr unwahrscheinlich.

Das Verhältnis der Geschlechter in den Sippen, die teilweise weit voneinander entfernt ihr Lager hatten, war nicht immer ausgewogen. Und durch die Arbeitsteilung zwischen Mann und Frau waren sie außerdem oft längere Zeit voneinander getrennt. Es ist logisch nachvollziehbar, dass sie ihrem Lustempfinden folgten und eine bisexuelle Lebensweise entwickelten und führten. Das betraf Männer wie Frauen. Schon vorher und auch heute noch gibt es im ganzen Tierreich die gleichgeschlechtliche Befriedigung. Es war deshalb von Anfang an nichts Neues für sie. Aber durch das bewusste Ausleben ihrer sexuellen Triebe die nun zu jeder Zeit und Gelegenheit ausgelebt werden konnten, und der Entwicklung zu einem selbstbewussten sozialen Wesen, wurde es zu einer dominierenden Form. Das festigte gleichzeitig ihre sozialen Bindungen.

Ein weiteres wichtiges Indiz dafür ist, dass die Evolution den Körper an das neue sexuelle Verhalten anpasste. Und wieder schaffte sie dann die Voraussetzungen, um diese vielfältige Entwicklung zu fördern, indem sie körperlich größere Lust auch beim gleich geschlechtlichen Akt hervorrief. Es war eine Bereicherung für den Menschen und trieb die Entwicklung voran. Nach Jahrtausenden dieses evolutionären Prozesses und des Auslebens der sexuellen Lust mit beiden Geschlechtern, hatten sich dann auch dafür alle körperlichen Voraussetzungen ausgebildet.

Die Männer hatten jetzt nicht nur erregende Gefühle an ihrem Penis, sondern auch einen lustvollen G-Punkt im Inneren an der Prostata, und die Frauen ihren Kitzler unmittelbar an ihrer Scheide und nicht weiter in sich, wo sie nur mit Männern diese Gefühle hätten erleben können. Die natürlichste und plausibelste Erklärung dieser körperlichen Entwicklung ist die generelle bisexuelle Lebensweise. Dadurch konnten sich die Menschen lustvoller und zu jeder Zeit miteinander vergnügen. Die Evolution hatte für den Menschen im Sinne einer Höherentwicklung der Sexualität bessere Voraussetzungen geschaffen.

Es führte zu einer immer stärkeren sozialen Bindung beider Geschlechter unter- und miteinander, die das Überleben und die weitere Entwicklung der Menschheit sicherte. Die vielfältige Orientierung und die bisexuelle, polygame, sozial gebundene Lebensweise in der Gemeinschaft waren die Gründe, warum wir uns gegenüber anderen Gattungen durchgesetzt haben. Sie kann als genetischer Code der sexuellen evolutionären Entwicklung des Menschen gewertet werden, der uns erst zu den werden ließ, die wir heute sind.

3.1. Die freie Lusterfüllung in der Sippe

Eine kleine Gruppe von Homo sapiens hatte ihr Lager am Waldrand aufgeschlagen. Sie bestand aus 6 Frauen, 8 Männern und 12 Kindern. Ihr Ort war gut gewählt. Hinter ihm ragte sich eine große steile Felswand empor, die ihnen Schutz vor Angreifern oder wilden Tieren bot. Neben ihrem Lager floss ein Bach mit klarem Wasser, der in einen kleinen See mündete. Der befand sich nur 100 Meter von ihnen.

Als Erstes errichteten sie eine Feuerstelle. Das war der wichtigste Arbeitsplatz für die Nahrungsherstellung und für das soziale Leben. Danach bauten sie eine große Hütte, in der sie alle zusammen wohnten und schliefen, und zum Schluss schützten sie ihr Lager vor wilden Tieren mit einem hohen Zaun. Alle packten mit an. Die Frauen waren damals noch kräftiger gebaut. Durch ihre vielfältigen Arbeiten in der Sippe hatten sie mehr körperlich schwere Tätigkeiten zu verrichten. Dadurch waren die Unterschiede zwischen Mann und Frau in ihrem Körperbau noch nicht so offensichtlich ausgeprägt.

Nach fünf Tagen waren sie mit dem Bau ihres Lagers fertig und saßen am Abend vergnügt am Lagerfeuer. Nach einiger Zeit fing Ako der Sippenführer an die Frau, die neben ihm saß, zu umarmen und zu streicheln. Seine sexuellen Lüste waren entfacht und stolz präsentierte er sein erregtes Glied. Als die Frau das sah wurde sie ebenfalls ganz erregt. Gleich am Lagerfeuer ließen sie deshalb ihrer Lust freien Lauf und vereinigten sich miteinander. Das erregte die anderen die es sahen und sie konnten sich ebenfalls nicht mehr zurückhalten. So liebten sie sich alle an diesem Abend am Feuer.

Zwei Männer blieben ohne Frau. Ein junger Mann namens Ira, der seiner Lust vorrangig mit Männern teilte, und ein anderer Junge, der erst vor kurzem seine Geschlechtsreife erlangt hatte, aber schon in allen Möglichkeiten, der Befriedigung von den Sippenmitgliedern eingeweiht war. Auch für die beiden war es eine Freude, sich miteinander lustvoll zu vergnügen. Etwas später kam Ako zu Ira. Es hatte, sich von seiner weiblichen Partnerin getrennt und vereinigte sich jetzt ebenfalls mit diesem wilden, jungen Mann und ließ sich von ihm lange und leidenschaftlich reiten. Da sie durch ihre Arbeit beim Aufbau ihres Lagers in den letzten Tagen keine Zeit für solche Vergnügen hatten, wurde es eine lange Nacht der ekstatischen Begegnungen. Am Anfang schauten die Kinder neugierig zu, schliefen aber dann doch am Feuer ein.

Nur ein Junge blieb wach und hatte beim Zusehen eine Erektion bekommen. Als das eine Frau sah, rief sie ihn zu sich. Alle ließen voneinander ab und schauten zu ihm und seinem steifen Glied, denn für die Gruppe war es immer wieder ein besonderes Ereignis wenn ein junge geschlechtsreif wurde. Würden sie in dieser Nacht ein neues männliches Mitglied bekommen? Er war neun Jahre alt. Als er bei der Frau war, nahm sie seinen steifen Penis in die Hand und rieb langsam daran. Es dauerte nicht lange und es kam zum ersten Mal Samen aus ihm heraus. Er gab dabei einen lauten Schrei von sich. Das beeindruckte die Zuschauer sehr. Alle gratulierten ihm und freuten sich darüber. Ako sagte ihm: „Du bist heute ein Mann geworden. Dieses Glück kannst du von jetzt an voller Freude erleben. Benutze es, so oft es geht."

Sie hatten ab diesem Tag einen Mann mehr in ihrer Sippe. Er wurde von den Männern ausgebildet, damit er sie beim nächsten Mal mit auf die Jagd begleiten kann. In der ersten Nacht seines neunen Lebensabschnittes lernte er aber noch, wie er eine Frau glücklich macht. Was ihm zwei Frauen gern beibrachten. Der Junge war auf den

Geschmack gekommen und lief, nach seiner Ausbildung bei den Männern, jeden Abend zu den Frauen. Und nachdem er sich eine Weile ausgetobt hatte, zeigte ihm Ira die Spielarten unter Männern, was ihm ebenfalls große Freude bereitete. Und da er jung war und diese neuen aufregenden Gefühle ungebremst und hemmungslos erleben wollte, war er bei allen gern willkommen. Nicht selten lief er, nachdem er bei den Frauen war, zu den Männern, um dann noch die andere Seite seiner Lust auszukosten. Ab dieser Zeit hatte er ein glückliches und lustvolles Leben in der Sippe.

Ako, hatte den Platz gut gewählt. Er war selbst ein starker und geschickter Jäger und 25 Jahre alt. Damals im mittleren Alter. In seiner Sippe lebten sie alle wie in einer großen Familie in einer Hütte zusammen. Wie viele Kinder er von den zwölf Geborenen hatte, wusste er nicht. Es gab keine sehr festen Verbindungen zwischen Frauen und Männer.

Zwar hatte er eine Favoritin, aber lag auch öfter mal bei einer anderen. So wie sie es alle taten. Ako war nicht nur ein guter Jäger, sondern auch ein potenter Liebhaber und bei beiden Geschlechtern dafür beliebt.

An diesem Tag beschloss er, mit den Männern auf die Jagd zu gehen, um für das Lager Fleisch zu beschaffen. Da die Frauen ebenfalls gute Kämpferinnen waren, um sich notfalls bei einem Überfall auf das Lager zu verteidigen, begaben sich alle acht Männer zusammen mit Ako auf die Jagd. Da war es gut, dass sie sich untereinander Vergnügen bereiten konnten, denn keiner wusste, wie lange es dauerte, bis sie erfolgreich ein Tier erlegten. Ihre sexuellen Triebe und Wünsche waren einfach zu stark, um längere Zeit auf Befriedigung zu verzichten. Warum sollten sie auch? Die Jagd dauerte fünf Tage, bis sie einen Hirsch erlegt hatten. In dieser Zeit vergnügten sie sich jeden Abend am Feuer und genossen es in ekstatischer Lust sich ihre Lustpunkte untereinander mit ihren Gliedern zu massieren. So schliefen sie zufrieden und glücklich ein.

Von den Kelten gibt es die bisher älteste, gesicherte und schriftliche Überlieferung zur Bisexualität. Hier ein Auszug von Wikipedia:

„Das zweite Zeugnis geht auf Poseidonios zurück, der sehr ausführlich und zuverlässig über die Bräuche der Kelten schrieb. Sein Werk ist nicht mehr erhalten, doch finden sich viele Zitate bei späteren Autoren, so bei Diodor Siculus (1. Jh. v. Chr.):

„…sie sind vielmehr von einer wilden Leidenschaft zu Umarmungen mit Männern erfasst. Sie pflegen auf Tierfellen am Boden zu liegen und sich mit einem Beischläfer auf jeder Seite herumzuwälzen. Das allerunglaublichste ist aber: Sie sind nicht auf die eigene Anständigkeit bedacht, sondern geben die Blüte ihre Leibes anderen bereitwillig preis; und sie halten das nicht für schändlich, sondern halten vielmehr für ehrlos, wenn einer von ihnen umworben wird und die angetragene Gunst nicht annimmt."

– Diodor Siculus: Historische Bibliothek 5.32.7[2]"

Ich denke, wer den Anus der Männer, als „Blüte ihres Leibes" beschreibt, hat selbst auch sehr schöne Erfahrungen damit gemacht. Ob da die Formulierung, „sie sind nicht auf die eigene Anständigkeit bedacht", korrekt übersetzt wurde, ist zu bezweifeln. Wie so oft, wurden hier wahrscheinlich einfach falsche Übersetzungen gewählt, die den eigenen Anschauungen des Übersetzers entsprachen. Es handelt sich hier nicht um etwas Außergewöhnliches, sondern um was ganzes Natürliches, sich lustvoll unter Männern anal zu vergnügen, was aus dem Text eindeutig hervorgeht. Die Kelten waren ein hoch entwickeltes Volk, mit einer reichen Kultur und Mystik, die viele Menschen auch heute noch sehr faszinierend finden. Auch waren sie als furchtlose und starke Krieger bekannt. Grabbeigaben zeigten, dass Frauen ebenfalls eine hohe gesellschaftliche Rolle einnehmen konnten. Sie genossen ihre bisexuelle

Lebensweise, voller Vergnügen und stärkten damit ihre soziale Bindung untereinander, was zu einer hohen Kultur und gesellschaftlichen Stärke beitrug.

Ako und seine Männer freuten sich, nach dem sie mehrere Tage unterwegs waren, schon auf ihre Frauen, folgten aber auch ihren freudvollen und lustvollen Vergnügen untereinander. Eine Ausnahme bildete da Ira, der junger Jäger aus ihrer Gruppe. Er bevorzugte das Spiel mit den Männern. Was den anderen sehr gefiel. Ako mochte, neben seiner Favoritin im Lager, das lustvolle Zusammensein mit ihm besonders. Eine individuelle Attraktivität gegenüber anderen Sippenmitgliedern hatte sich bei ihm schon ausgeprägt. Aber die Auslebung der Lust war stärker. So vergnügte er sich auch mit dem, der sich gerade anbot, wenn ihm danach war. Auf diese Weise förderte er ihren Zusammenhalt. Aus den intensiven sozialen Verbindungen keimte ein tieferes Gefühl für einander, welches sich nicht auf eine bestimmte Person ausrichtete. Es war die zarte Entfaltung der Liebe.

Aber nicht nur die Männer auch die Frauen vergnügten sich währenddessen im Lager miteinander. Sie rieben ihre Körper, so, dass sie ihren Kitzler erreichten. Rubbelten mit ihren Fingern daran und spielten an ihren Brustwarzen. Auch sie förderten damit gleichzeitig ihr Zusammenleben.

Als die Männer auf der Jagd genug Wild erlegt hatten, kehrten sie zurück ins Lager, wo am Abend ein großes Fest ausgerichtet wurde und sie wieder gemeinsam in ekstatischer Lust zusammen waren. Da sie für ihr Lager einen guten Platz gefunden hatten, beschlossen sie, für längere Zeit zu blieben. Während die Männer auf der Jagd waren hatten die Frauen in der Felswand eine Höhle entdeckt. Dort schliefen sie von nun an und fanden dort bei einem Unwetter und vor wilden Tieren besseren Schutz. Es gab Wasser, Wild und Pflanzen und sie lebten zufrieden an diesem Ort. Durch den männlichen Zuwachs waren sie jetzt 9 Männer und sechs Frauen.

Eines Tages kamen zwei Fremde mit einem erlegten Wildschwein in ihr Lager. Das boten sie der Gruppe zum Geschenk an. So wurden sie willkommen geheißen und neugierig beäugt. Sie kamen aus dem Norden und hatten Kleidung an. Als sie Ako danach fragte, erklärten sie, dass es im Norden kälter sei und sie sich Kleidung anziehen mussten. Er antwortete, sie seien aber jetzt hier und brauchten das nicht mehr. Die Fremden bemerkten, dass es der Gruppe nicht geheuer war. Also legten sie sie ab.

Sie waren nicht gewohnt, nackt zu sein, und bekamen eine Erektion, bei dieser Nacktheit. Da sie so ein wertvolles Geschenk mitgebracht hatten, bot ihn Ako an, sich mit einer Frau oder einen Mann aus seiner Sippe zu Vergnügen, damit sie wieder zur Ruhe kommen. Das nahmen sie dankend an. Auch junge Ira wurde von einem der Gäste ausgewählt und eine Frau von dem anderen.

Die Männer aus dem Norden verbrachten viele Monate in Kälte. Lustvolle Spiele, nackt am Feuer, waren da nicht möglich. Durch diese Einschränkung sannen sie nach neuen Möglichkeiten, lustvoll bei einander sein zu können und entdeckten für sich den Oralverkehr. Dabei mussten sie nicht nackt sein und konnte trotzdem zu jeder Zeit orgastische Gefühle miteinander erleben. Für Ira und der jungen Frau aus der Sippe war es etwas völlig Neues, als sich die Fremden auf dieser Art und Weise mit ihnen vergnügten, aber es war sehr aufregend. Und die anderen schauten staunend zu und lernten dabei. Schnell probierten sie es gegenseitig aus, während die beiden Fremden ihrer Lust weiter folgten. Ab dieser Zeit war es für sie noch aufregender und sie konnten schneller und noch öfter ihre starken Triebe ausleben. Es war die erste Befriedigung, die nicht durch eine Vereinigung zustande kam und wurde von

Männern wie Frauen gern durchgeführt. Damit entfernte sich das lustvolle Zusammensein immer weiter von der eigentlichen Fortpflanzung. Ja, selbst die Kinder bezogen es spielerisch in ihre kindlichen Spiele ein. Sahen sie es doch jeden Abend bei den Erwachsenen.

Nachdem die beiden Männer ihr glückliches Zusammensein beendet hatten, trugen sie der Sippe ihr Anliegen vor. Sie berichteten, dass sie eine lange beschwerliche Reise hinter sich hatten. Einige aus ihrer Gruppe seien dabei gestorben. So blieben nur zwei Männern, vier Frauen und drei Kinder übrig. Das wäre zu wenig, um zu überleben. Gerne würden sie sich deshalb Ako anschließen. Da Ako vorher ihre neuen Waffen für die Jagd bewundert hatte, die besser als die seinen waren, und es wusste, dass eine Vermischung der Sippen vorteilhaft für den Nachwuchs war, wollte er sie gerne aufnehmen. Aber nicht, bevor sie alle anderen kennengelernt hatten und alle damit einverstanden war. Denn er wollte keinen Ärger in seiner Gruppe haben. Also brachten sie die vier Frauen und die Kinder zu ihnen und als sie sich am Abend am Lagerfeuer wie gewohnt auf lustvolle Weise näher kennengelernt hatten, wurden sie aufgenommen. Es war ein Gewinn für alle. Viele Generationen lebte die Sippe zufrieden und glücklich. Mit der Zeit kamen noch andere Gruppen dazu und siedelten sich in der Nähe an. Manche schlossen sich zusammen. So bekam auch Ako weiteren Zuwachs und seine Gruppe wurde immer größer. Andere brachten neues Wissen mit. Dadurch entwickelte sich das Wissen des Stammes, aber auch ihre Weltensicht. Den Menschen wurde ihre Sterblichkeit bewusst und sie begannen, sich Gedanken darüber zu machen. Der Tod konnte so nicht akzeptiert werden und sie glaubten an ein Weiterleben in einer anderen Welt. Sie verehrten immer mehr Götter und kommunizierten mit ihren verstorbenen

Ahnen. Auch ihr Bewusstsein über die Welt, in der sie lebten, erweiterte sich. Sicherlich änderte sich dadurch auch manchmal ihr sexuelles Verhalten und es entstanden die ersten Riten dazu. So treffen sich auch heute noch in einigen Naturvölkern die Männer und nehmen sich gegenseitig oral ihren Samen. Der wird als stärkster Lebensenergiesaft von ihnen gern aufgenommen. Er bedeutet Kraft und ein langes Leben.

3.2.. Neue soziale Orientierungen durch die Entstehung von Großfamilien

Der Stamm vergrößerte sich und ihre Mitglieder konnten nicht mehr alles gemeinsam tun, denn es ergab keinen Sinn, wenn 30 Männer zusammen auf die Jagd gingen.

Die menschliche Rasse vermehrte sich und der Lebensraum wurde enger. Das war besonders in Gegenden der Fall, wo gute Lebensbedingungen herrschten. Deshalb war durch andere Stämme in der Nähe der Frieden ständig gefährdet, so dass einige Männer zur Verteidigung im Lager bleiben mussten. Die Frauen waren jetzt stärker mit den vielen Kindern und dem Essen beschäftigt. Nur sehr wenige hatten Zeit, auch noch den Umgang mit den immer komplizierter werdenden Waffen zu erlernen.

Durch den Wissenstransfer entwickelte sich das Handwerk. So wurden bessere Waffen hergestellt, Gebrauchsgegenstände für den Haushalt, aber auch Kunstgegenstände, wie Schmuck. Es kam zu einer Arbeitsteilung innerhalb des Stammes. Das führte zu einer allmählichen Spezialisierung und damit zur Individualisierung der Stammesmitglieder. Talente und Begabungen konnten sich entwickeln und so unterschieden sich die Menschen in ihrer Erscheinung und ihrem Verhalten immer stärker voneinander. Es konnte sich die Intelligenz und die Wissensaneignung des Einzelnen besser entfalten, die er den anderen dann mitteilte. Dadurch wurde sich die Menschen immer mehr ihres Selbst bewusster und entwickelten ein stärkeres Selbstbewusstsein. Das hatte Auswirkungen auf ihr sexuelles Verhalten. Es entstanden individuell geprägte, sexuelle Wünsche. Die Partnerwahlen wurden damit, dem Typ entsprechend, immer zielgerichteter.

Jetzt wollten auch nicht mehr über 100 Menschen in einem großen Haus wohnen, sondern es wurden viele kleinere Häuser gebaut, in dem sie in Großfamilien wohnten. Allerdings gab es für den Tag das Gemeinschaftshaus des Dorfes, wo sich alles in der Gemeinschaft abspielte. So kochten und aßen sie zusammen und die Kinder wuchsen gemeinsam auf. Da die Männer aufgrund ihrer Kraft und Stärke für die Sicherheit und die bis dahin wichtigste Nahrungsbeschaffung, die Jagd, verantwortlich waren, wurden sie zum Oberhaupt einer Großfamilie. Deshalb suchten sie sich eine oder mehrere Frauen und gründeten mit ihnen diese neue Gemeinschaft innerhalb des Stammes. Die Frauen hatten durch die Kinder, die Essenszubereitung und das Sammeln von Pflanzen eine ebenbürtige Stellung in der Gruppe. Es gab keinen Unterschied im sozialen Stellenwert in der Sippe zwischen Mann und Frau. Trotzdem aber fand zum ersten Mal so etwas wie eine Auslese der Geschlechter im Stamm statt. Die Frauen waren daran interessiert, einen starken und klugen Mann zu finden, der in der Großfamilie gesunde Kinder zeugen konnte und dafür sorgte, dass sie gut ernährt aufwuchsen. Die Männer waren daran interessiert, eine oder mehrere fruchtbare und gesunde Frauen zu bekommen, die ihnen kräftige Kinder gebarten, ausreichend Stillen konnten und ihre Aufgaben im Haus erledigten.

Deshalb wurden die körperlichen Attribute der Menschen immer wichtiger. Sie begannen, auf ihren Körper zu achten, sich zu schmücken und das jeweilige andere Geschlecht zu umwerben. Das Verhältnis von Mann und Frau änderte sich allmählich vollkommen. Die körperlichen Attribute zwischen ihnen wurden immer unterschiedlicher. Für Frauen waren eine große Brust zum Stillen der Kinder und ein breiteres Becken für die Geburt wichtig. Ihre Arme und Beine wurden schmaler, da sie schwere körperliche Arbeit in hohem Maße nicht mehr ausüben mussten. Für die Männer waren starke Arme und eine breitere Schulter für die Jagd und dem Kampf wichtig. Auch zeigten ein muskulöses Hinterteil und Beine an, dass sie für lange notwendige Märsche bei der Jagd körperlich gut ausgerüstet waren. Aus unserer heutigen Sicht wurden also die Frauen immer fraulicher und die Männer immer männlicher.

Auch ihr soziales Verhalten änderte sich. Die Prioritäten der Frauen waren, Essen und Kinder. Für die Männer war es die Jagd und der Kampf. Danach richteten sie ihre Bedürfnisse und Wünsche sowie ihre Entscheidungen aus. Da beides von immenser Wichtigkeit für das Überleben war, mussten sie sich gegenseitig beeinflussen und ergänzen, was nicht immer ganz ohne Probleme vonstattenging, aber letztendlich zu einer weiteren positiven Entwicklung führte. Die Gleichstellung von Mann und Frau wurde dadurch überlebensnotwendig in der Entwicklung der menschlichen Gemeinschaft.

Es gab aber ein anderes Problem im Stamm. Durch das freie Ausleben ihrer starken Triebe vermehrten sie sich bisher ungehemmt mit allen und jedem. So kam es, dass Geschwister, Halbgeschwister, Mütter und Söhne sowie Väter und Töchter zusammen Kinder zeugten. Auf Grund dessen war der Anteil der Tot- und Missgeburten hoch. Im Laufe von Jahrtausenden erkannte man, woran es lag, und vermied deshalb solche Verbindungen.

Das war eine einschneidende Veränderung ihres Sexual- und Sozialverhaltens. Zwar war die freie Liebe in der Familie ungebrochen. Aber die Frauen konnten sich nur mit ihrem Mann und untereinander vergnügen. Außerhalb der Familie war für sie Sex mit Männern und natürlich mit männlichen Familienmitgliedern verboten. Auch der Mann konnte keine anderen Frauen haben und außerhalb der

Familie sich nur mit Männern vergnügen, wenn sie auf der Jagd waren oder eben Lust dazu hatten. Diese Trennung zwischen den Familien hatte einen großen Vorteil. Dadurch, dass die Inzucht vermieden wurde, war es nicht mehr notwendig, dass frisches Blut aus anderen Stämmen zu ihnen kam. Denn oft war es mit kriegerischen Aktionen verbunden, wenn sie Frauen rauben mussten.

Auch bei den geschlechtsreifen Kindern änderte sich ihr Status grundlegend. Sie konnten nicht mehr zügellos ihrer Lust mit dem anderen Geschlecht folgen. Sondern erst dann, wenn sie eine eigene Familie gründeten. Dazu mussten sich die jungen Männer eine Frau aus einer anderen Großfamilie suchen.

Die gleichgeschlechtliche Liebe war deshalb ein natürlicher Vorgang auch in dieser Entwicklungsphase. Während der Zeit ihrer Geschlechtsreife und vor der Familiengründung vergnügten sich die jungen Leute jetzt fast ausschließlich für eine relativ lange Zeit nur gleichgeschlechtlich miteinander. Das war neu. Aber auch nach dem sie eine Familie gegründet hatten, war die bisexuelle Lebensweise durch die stärkeren körperlichen und sozialen Unterschiede der Geschlechter weiterhin interessant und reizvoll.

Es ist anzunehmen, dass dadurch die Homosexualität anstieg, da einige junge Menschen, die nun mehrere Jahre ausschließlich diese Art der Lusterfüllung voller Freude erlebten, dabei bleiben wollten. Zumal der körperliche Unterschied der Geschlechter immer offensichtlicher wurde und sie einen Typ bevorzugten. Aber es gab dann auch junge Menschen, die durch diesen immer stärker werdenden körperlichen Unterschied sich später hauptsächlich auf das andere Geschlecht in ihrer sexuellen Erfüllung konzentrierten. Das war schon zu dieser Zeit ein natürlicher Prozess in der bewussten individuellen sexuellen Entwicklung. Die meisten aber suchten sich dann dass andere Geschlecht, um eine Familie zu gründen, und blieben durch ihre sozialen Bindungen aus der Jugend in ihrer Lust bisexuell.

Da alle im Schutz einer Familie standen, mussten sie um einen Partner aus einer anderen Familie werben. Das taten sie, indem sich Männer wie Frauen mit Schmuck und Geschenken präsentierten und ihre Reize zur Schau stellten. Sie legten immer mehr Wert auf das äußerliche Erscheinungsbild. Das war neu. In dieser Zeit entstanden Rituale zwischen den Geschlechtern, wie sie auch heute noch im Wesentlichen vollzogen werden. Die Entscheidung aber trafen, auf Grund ihrer Erfahrungen, zu dieser Zeit die Familienoberhäupter. Denn es ging um das Wichtigste, was es für sie gab, nämlich darum, für die Fortpflanzung und damit für das Weiterbestehen des Stammes die besten Bedingungen zu schaffen.

Nach ihrer Entscheidung eine Familie gründen zu wollen, hatte das Paar in diesem Stamm eine Probezeit, in der sie zusammen lebten und ihre Lust aber nur oral und anal ausleben konnte. Es gab ihnen Zeit feststellen, wie sie sich verstanden und ob sie mit ihren Partner glücklich werden können. Schließlich blieben sie ja dann den Rest ihres Lebens zusammen. Erst wenn sie sich kennengelernt und sich für einander entschieden hatten, wurde der Bund von den Familienoberhäuptern geschlossen.

Diese Verfahrensweise gibt es heute noch in einigen Naturvölkern, wie ich es selbst in Nordthailand im Gebirge erlebt habe.

Dort standen sechs jungen Männer, zwischen 14 und 16 Jahren zusammen und wurden von drei Mädchen gleichen Alters neugierig beäugt. Irgendwann lief ein Mädchen zu dem von ihr auserwählten Jungen, sprach eine Weile mit ihm und, wenn sie sich dann einig waren, gingen sie gemeinsam fort und lebten für eine Probezeit von zwei bis vier Wochen zusammen, wie man mir erzählte. Ich erkundigte mich, was passiert, wenn das Mädchen in dieser Zeit schwanger wird. Man erklärte mir, dass das nicht eintritt. Sie dürfen noch keinen Geschlechtsverkehr haben. Sind aber vorher schon von den älteren Mitgliedern der Sippe ausgebildet worden, wie sie sich trotzdem gegenseitig viel lustvolle Befriedigung geben können.

Solange sie noch allein sind und keinen Partner auf Probe haben, ist die gleichgeschlechtliche Lustbefriedigung ganz selbstverständlich. Wahrscheinlich verabschiedete sich der Junge, bevor er mit dem Mädchen fortging, deshalb so auffallend herzlich von seinen Freunden, wie ich beobachten konnte. Wenn sie sich nach der Probezeit für einander entscheiden, dann verhandelten die Eltern darüber. Wenn alles geregelt war, zogen sie schließlich zusammen und gründen eine Familie.

Ich hakte aber noch einmal nach und fragte, was passiert, wenn das Mädchen doch schwanger würde und die beiden nicht zusammen kommen. Denn ich konnte mir nicht vorstellen, dass so etwas nicht passiert. Man antwortete mir, dass dann das Mädchen einen anderen Jungen finden muss, der das Kind akzeptiert. Was aber anscheinend auch kein großes Problem war. Es war üblich, dass sie diese Probezeit öfter mit verschiedenen Partnern in Anspruch nahmen, bevor sie sich für einen entschieden. Auch gab es keine festen Regeln für eine Familie. Manchmal lebten ein Mann und eine Frau allein, manchmal aber auch ein Mann mit mehreren Frauen oder umgekehrt. Das richtete sich danach, wie das Geschlechterverhältnis in der Sippe zu dieser Zeit aussah. Sie hatten sich also optimal den Bedingungen in ihrer Abgeschiedenheit angepasst.

Auch in unserer Geschichte wurden sie eine Familie und dem Mann stand frei, sich weitere Frauen zu nehmen, sobald er das erste gesunde Kind gezeugt hatte. Denn damit hatte er seine Fruchtbarkeit unter Beweis gestellt und sich das Recht dazu erworben. Deshalb war es wichtig, dass er die erste Frau richtig wählte, die sich nach körperlichen Voraussetzungen für eine wahrscheinlich gesunde Geburt eignete. Durch mehrere Frauen stieg aber auch die Verantwortung, für eine größere Familie zu sorgen. In den meisten Fällen war es von den Frauen erwünscht, denn es hatte Vorteile für sie. So mussten sie nicht die ganze Arbeit allein bewältigen und konnten die Kinderbetreuung untereinander aufteilen. Dabei hatten auch sie viel lustvolles Vergnügen miteinander. Denn das Familienoberhaupt war ja durch die Jagd nicht immer bei ihnen. Für ihn war das auch kein Problem, da er sich mit den anderen Männern bei der Jagd vergnügen konnte. Für die Frau, die allein Zuhause war, war es aber ungünstig. Um eventuelle Risiken auszuschließen, dass sie sich dann doch mit einen anderen Mann einlässt, war deshalb auch der Mann daran interessiert mindestens eine zweite Frau im Haus zu haben, mit der sie sich gut versteht.

Durch das feste soziale Zusammenleben in einer Großfamilie und der freien Partnerwahl wurde die gefühlsmäßige Bindung innerhalb der Familie stärker. Die Liebe zueinander wuchs. Sie war aber nicht besitzergreifend und schon gar nicht auf eine monogame Beziehung ausgerichtet. Menschen konnten mehrere Menschen beiderlei Geschlechts lieben. Das war die natürliche Entwicklung in der Evolution.

In der Großfamilie hatten die Frauen bei der Aufnahme eines neuen Mitglieds ein Mitspracherecht. Was der Mann gerne akzeptierte, denn er wollte, dass Frieden und Ruhe in der Familie herrschte und sich die Frauen gut verstanden. Es förderte auch das Vergnügen unter ihnen. So waren alle ausgeglichener und zufrieden. Heute noch haben viele Männer die Phantasie, mit zwei oder mehreren Frauen gleichzeitig ein lustvolles Vergnügen zu erleben. Wahrscheinlich stammt das ursprünglich aus dieser Zeit. Stammesmitglieder, die sich für das gleiche Geschlecht entschieden hatten, wurden in der Sippe gleichermaßen geachtet. Gleichgeschlechtlich lebende Männer und Frauen lebten zusammen im Männer- oder Frauenhaus. Mitunter waren sie gute Schlichter, wenn es um Probleme in den Großfamilien ging. Einige wurden gern als Medizinmann genommen. Für die Gründung einer Familie hatte der sowieso keine Zeit. Medizinmänner waren aber zu dieser Zeit die mächtigsten und angesehensten Männer im Stamm. Für gleichgeschlechtliche Liebende gab es in ihrer sexuellen Leidenschaft keine Einschränkungen. Sie konnten immer und überall ihre Lust im Frauen- oder Männerhaus oder in den einzelnen Großfamilien mit dem gleichen Geschlecht ausleben. Diese Männer waren meist gute Handwerker oder Künstler und gingen natürlich auch gern mit auf die Jagd. Die gleichgeschlechtlich lebenden Frauen kochten das gemeinsame Essen und halfen bei den Kindern. Manche gingen aber auch auf die Jagd oder wurden geachtete Kriegerinnen. So wie Eda. Sie war eine muskulöse starke Frau und konnte den Speer so zielgerichtet werfen wie kein anderer. So wurde sie bei den Jägern und Kriegern sehr geachtet. Sie lebte im Frauenhaus und war dort bei den Frauen sehr beliebt. Aber auch in den Großfamilien waren die weiblichen Mitglieder ihr sehr zugetan. So wurde sie zu einem Vorbild vieler Frauen aber auch bei den jungen Männern, die sie wegen ihrer Geschicklichkeit bei der Jagd hoch achteten.

Alle lebten ihre große natürliche Lust miteinander aus, so, wie sie es fühlten und wollten. Für diese Zeit ist anzunehmen, dass sich die Bisexualität unter Frauen in der Großfamilie stärker entwickelte. Das Verhältnis der Geschlechter hatte sich aber durch die selektive Auswahl, die jetzt vollzogen wurde, und die festen Bindungen, die in einer Großfamilie entstanden, grundlegend geändert. Sie lebten zwar weiter bisexuell, aber nur noch die Männer waren in einer Familie polygam und mit mehreren Frauen zusammen. Beide Geschlechter wählten sich ihre Partner aus und warben um sie. Das war neu und durch die unterschiedlichen Verantwortungen in der Familie begannen sich soziale Unterschiede zwischen Mann und Frau herauszubilden, die aber in der Stellung der Sippe gleich gestellt waren. Das fand in einem langen evolutionären Prozess, im Sinne der Weiterentwicklung, statt. Durch ihre gleichberechtigte Unterschiedlichkeit, und den daraus resultierenden Interessenkonflikten, gab es immer wieder neue Impulse, die zum Wachstum und zur Entwicklung der Menschen beitrugen.

Viele Amateure und Wissenschaftler kommen bei der Analyse der geschichtlichen Entwicklung zu den Schlüssen, dass es Machtpositionen zwischen den Geschlechtern schon immer gab. Meist waren es die Männer, aber manchmal auch die Frauen, die das Sagen hatten. Wirklich nachweisen, dass es auf langer Sicht so war, kann man das nicht. Auch leiten sie diese Theorien von Indizien aus der Steinzeit ab, also vor ca. 8000 Jahren. Oder sie berufen sich auf die Entdeckung von Stämmen, die bisher kaum mit der Zivilisation in Berührung kamen und wo mitunter sehr hieratische Verhältnisse zwischen den Geschlechtern herrschen. Aber auch hier wissen wir nicht, wie lange das schon so ist. Auch diese Stämme haben sich aus sich heraus weiterentwickelt oder hatten vor langer Zeit Kontakte mit anderen Eroberern. Es ist noch nicht einmal sicher, woher sie kamen, vielleicht waren sie ja vor 20 000 Jahren noch ganz woanders sesshaft und wurden beeinflusst. Wir sprechen aber hier über einem Zeitraum von 100 000 Jahren und mehr.

Ich denke, das diese Theorien aus dem heutigen falschen Weltbild entstehen, die sich in unserm Bewusstsein und den daraus entwickelten Auffassungen und Theorien über die Vergangenheit widerspiegelt. Ich kann mich mit solchen Theorien nicht anfreunden. Aus meiner Sicht gibt es keinen logischen Grund, warum es diese Kämpfe zwischen den Geschlechtern zu dieser Zeit und unter den damaligen Bedingungen hätte geben sollen. Vielleicht gab es ja vereinzelt Ausnahmen, aber sie sind nicht zu verallgemeinern. Für die Lebensbedingungen der Jäger und Sammler wäre das nur schlecht gewesen.

Im Gegenteil, der Mensch konnte sich nur optimal entwickeln, weil es eine Gleichheit zwischen den Geschlechtern gab und das war ihm bewusst.

Die Geschlechterungleichheit entstand erst mit der Entstehung von Privateigentum, durch die soziale Ungleichheit. Dazu kommen wir später.

Epilog

Diese wilde und hemmungslose Auslebung der Lust diente natürlich in erster Linie zur Auslebung der Freude und Glückseligkeit, die wir heute auch darin erleben. Sie schaffte aber ebenfalls starke soziale und freie, gefühlsmäßige Verbindungen zwischen den Menschen, die zu ihrer erfolgreichen Entwicklung und wohl auch ganz persönlich zu mehr Lebensfreude beitrugen. Es war die bisher längste Entwicklungsperiode im Leben der Menschen, sexuell und sozial, von der wir heute noch geprägt sind.

Auch wir tragen in unseren Genen und in unseren körperlichen Voraussetzungen die sexuelle Vielfalt in uns. Wir fühlen es, haben viele Phantasien und Bedürfnisse. Einige lassen sie ruhen oder verleugnen sie. Andere sind sich dessen aber auch nicht bewusst und wissen gar nicht, warum sie so unzufrieden sind. Manche gehen ihnen nach. Nicht nur beim Ausleben ihrer sexuellen Glückseligkeit, sondern sie verlieben sich nicht nur in einen Menschen. Sie haben aber dabei unbegründete Schuldgefühle oder sie werden ihnen von einem anderen Partner eingeredet, was ihr Glück sehr einschränkt. Ja, manchmal sogar ins Gegenteil umschlagen lässt. Damit wird nicht allein das Glück anderer zerstört, sondern auch das eigene. Dazu kenne ich Beispiele aus vielen realen Geschichten, die mir bei meiner Arbeit von Männern und Frauen erzählt wurden. Nur die Wenigsten führen heute ein wirklich sexuell und sozial erfülltes Leben.

3.3. Das Leben der Ackerbauern und Viehzüchtern

Die Menschen vermehrten sich. Mit der Zeit wurde es immer schwieriger genügend Wild für die Nahrungsbeschaffung zu erlegen und Pflanzen zu sammeln. Da die Frauen für die Zubereitung der Nahrung in der Großfamilie verantwortlich waren, sannen sie nach neuen Nahrungsquellen. Es ist sehr wahrscheinlich, dass hauptsächlich sie es waren, die begannen Pflanzen anzubauen und Haustiere zu züchten, um ihre Großfamilie ernähren zu können. Damit legten sie den Grundstein für die friedliche und endgültig sesshafte Gesellschaft der Ackerbauer und Viehzüchter.

Ami, eine Frau Mitte Dreißig, war Oberhaupt in ihrem Stamm. Die Welt der Menschen begann sich einschneidend zu verändern. Sie waren endgültig sesshaft geworden und nicht mehr länger Jäger und Sammler, sondern Viehzüchter und Ackerbauern. Durch den Ackerbau hatten sie jetzt einen Platz, an dem sie das ganze Leben verbrachten. Es lohnte sich, festere Hütten zu bauen. Es entwickelte sich das Handwerk. Das Zusammenleben und die Arbeitsteilung wurden besser organisiert. Allerdings wurde die Aufnahme von anderen Gruppen dadurch erschwert. Denn es gab ein gemeinschaftliches Eigentum in Form von Feldern (Land) und Viehherden (Weiden), welches sie nicht so ohne weiteres mit anderen Fremden teilen konnten und wollten. Es sei denn, sie brachten etwas in die Gemeinschaft ein, was sie brauchten oder wollten. Auch wenn es ein gemeinschaftlicher Besitz war, so war es doch eine neue Form von Eigentum, der unbedingt notwendig war, um ihrer Lebensbedingungen zu erhalten und zu verbessern. Dadurch entwickelten sich auch eine Verwaltung und die erste Schrift.

Ackerbau und Viehzucht waren von der Fruchtbarkeit abhängig. So kam das Zeitalter des Fruchtbarkeitskultes. Die Frauen, die neues Leben gebaren, wurden deshalb genauso verehrt und in einigen Regionen die Führer ihrer Sippe. Dort waren es die Frauen, die in dieser Gemeinschaft der Großfamilie vorstanden und meist mehrere männliche Partner hatten. Die Männer verloren allmählich ihre Funktion als Jäger und Krieger und wurden Ackerbauer und Viehzüchter.

Die Frauen waren es, die neues Leben hervorbrachten. Das war Voraussetzung für den Erhalt der Gesellschaft und versprach Glück und Zufriedenheit. Ob auf den Feldern, bei dem Vieh oder in der Familie. Die Fruchtbarkeit war der Garant für ein gutes und erfolgreiches Leben in Wohlstand und Zufriedenheit. Die Frauen wurden von den Männern deshalb sehr verehrt und von ihnen in den Stand eines Oberhauptes in der Großfamilie gehoben. Die Entscheidungen trafen sie aber trotzdem gemeinsam.

Frauen sollten mit vielen Männern Kinder haben, um ihre Erbanlagen in ihrer Vielfalt weiter zu tragen. Auch hier war die sexuelle Erfüllung nur innerhalb der Großfamilie mit dem anderen Geschlecht möglich, um ihre Funktionalität nicht zu gefährden. Das war die Voraussetzung für eine stabile Gesellschaft und ihrer Entwicklung zum Wohle aller. Die Nachkommen, die sie großzogen, sollten ausschließlich aus der Familie stammen und deren Erbanlagen weiter geben. Das war Gesetz, also hielten sie sich, zumindest meistens, daran.

Die Männer als gleichberechtigte Mitglieder hatten ein Mitspracherecht bei einem männlichen Neuzugang in die Großfamilie. Vielleicht suchten sie sich auch selbst einen neuen Mann für die Familie aus. Schließlich mussten auch sie sich untereinander verstehen. In dieser Zeit waren die Männer innerhalb der Großfamilie, aber auch außerhalb, untereinander lustvoll aktiv. Alle Voraussetzungen, um es in höchster Lust miteinander zu erleben, hatte die körperliche Entwicklung dafür geschaffen. Und die Frauen förderten es. Die Männer waren dadurch ausgeglichen und zufrieden und nicht, so wie in Vorzeiten üblich und notwendig, aggressiv und kriegerisch. Denn das brauchten sie jetzt nicht mehr.

In sesshaften Gesellschaften war es wichtig, die Geburtenrate zu regulieren. Wahrscheinlich wurde deshalb die Vielmännerehe eingeführt. So wie es heute noch aus diesem Grund in einigen Regionen der Erde üblich ist. Das setzte freilich bei der Gründung einer sesshaften Gruppe einen erheblichen Überschuss an Männern voraus. In einigen Regionen wurden deshalb gleich nach der Geburt weibliche Nachkommen getötet. Die Tötung von Neugeborenen war nichts Ungewöhnliches. Missgebildete Kinder, die früher hauptsächlich durch Inzucht zur Welt kamen, wurden wahrscheinlich schon tausende von Jahren gleich nach der Geburt getötet. Es war zu dieser Zeit eine Frage des Überlebens und der Weiterentwicklung und kann nicht mit unseren heutigen Maßstäben gemessen werden. Kindestötungen gleich nach der Geburt sind überall auf der Welt nachweislich vorgenommen worden und waren lange Zeit, in einigen Regionen bis in die Neuzeit, besonders bei neugeborenen Mädchen, Tradition. Neue archäologische Funde deuten aber auch darauf hin, dass es in dieser Zeit lange Wanderungen von Frauengruppen gab, die wahrscheinlich nach einer neuen Sippe suchten oder an einem anderen Ort eine gründeten. So verbreiteten sie auch Wissen und sind so zu einem Motor des Wissenstransfers geworden.

Da das Frauenbild als ein Furchtbarkeitsbild verehrt wurde, ist es vorstellbar, dass in dieser Zeit spielerisch erst die Travestie und später die Transsexualität anfänglich im

Männerhaus der gleichgeschlechtlichen Liebe entstanden.
Was für die Männer in der Großfamilie eine besondere
Abwechslung war. Bei der Travestie nehmen Männer gern
das Erscheinungsbild von Frauen an. Was in dieser Zeit
beliebt sein musste. Diese Männer waren aber auch
durchaus aktiv bei dem gleichen Geschlecht, was den
anderen ebenfalls gefiel. Später entwickelte es sich
wahrscheinlich oft spielerisch auch innerhalb der
Großfamilien.

Und obwohl die meisten Frauen mit ihren Männern sexuell
ausgelastet waren, trafen sie sich ebenfalls untereinander
und wollten dabei die besonderen, zärtlichen, lustvollen
Begegnungen mit anderen Frauen nicht missen. Gerade
auch weil sie in der Großfamilie von einem Überhang an
Männern umgeben waren. So konnten sie ihre großen
lustvollen Triebe auf allen Arten naturgerecht in vollen
Zügen ausleben. Für das Nachgehen ihrer
gleichgeschlechtlichen sexuellen Lust war niemand allein
nur auf die Großfamilie angewiesen, und das erwartete
auch keiner. Soziale und gefühlsmäßige Bindungen wurden
sicherlich in ihr ausgelebt, beschränkten sich aber nicht nur
darauf. Es begann eine lange Periode des Friedens. Darin
gab es keinen Hunger, das Handwerk entwickelte sich und
alle waren im Wesentlichen gesund und stark. Wie Funde
aus dieser Zeit belegen.

Kamen die Kinder ins geschlechtsreife Alter, mussten sie
eine eigene Großfamilie gründen. Das war unkompliziert,
aber neu. Der junge Mann bewarb sich bei einer Frau, die
ihm gefiel. Fand sie Gefallen an ihm und die anderen
Männer, die eventuell schon in der Familie lebten, auch,
dann wurde er aufgenommen. Die Großfamilie, aus der er
stammte, hatte da nur eine beratende Funktion, aber kein
Mitspracherecht mehr. Erst wenn dem neuen Mann durch
die Frau erlaubt wurde, mit ihr Geschlechtsverkehr zu

haben, so dass er sich in ihr ergoss, war er aufgenommen. Vorher hatten beide das Recht, die Verbindung wieder zu lösen. So entwickelte sich die Tradition, dass eine Ehe erst gültig ist, wenn sie sexuell vollzogen wurde. Die weit über diese Entwicklungsperiode hinaus ihre Gültigkeit behielt, und heute noch in vielen Kulturen Tradition ist.

Zu dieser Zeit wurde Ina gerade geschlechtsreif und auf eine eigene Familie vorbereitet. Wie sie geführt wurde, hatte sie ja schon von Kindheit an in ihrer Familie gesehen und gelernt. Jetzt musste ein Haus für sie gebaut werden, was ihre Großfamilie übernahm. Als eigenen Haushalt bekam sie, wie alle, einen Anteil pro Person von dem Gesamtertrag der Ernte, die Milch vom Vieh und das Fleisch. Die nahm sie einfach mit, denn den bekam ja ihre Großfamilie bisher für sie, solange sie bei ihnen lebte. Auch der Mann, den sie erwählte, brachte den gleichen Anteil aus seiner Familie. Als das Haus fertig war, kamen dann die ersten jungen Männer und warben um sie. Darunter waren auch zwei Freunde, die zusammen zu ihr kommen wollten. Das hatte einige Vorteile. Wenn eine Frau nach drei Jahren noch kein Kind gebar, dann konnten sich der Mann oder die Männer wieder von ihr lösen. Bei zwei Männern gleich zu Beginn ihres eigenen Hausstandes, war die Chance größer, dass sie schneller ein Kind bekam. Auch erhielt ihr Haushalt gleich drei Anteile, was sich besser aufteilen ließ.

Während ihrer Entscheidungsphase kam es nicht zum Koitus zwischen ihnen, aber sie konnte die beiden Männer bei ihren lustvollen Spielen beobachten um festzustellen, ob es gute Liebhaber waren, denn auch sie wollte ja später ihre starke Lust an ihnen stillen. Allerdings war einer der Freunde etwas schmächtig und sah sehr weichlich aus. Das empfand sie als nicht günstig für den Nachwuchs. Der andere war ein kräftiger und schöner Junge, der ihr gut gefiel. Aber sie wollten nur zusammen kommen. So ließ sie sich auf Probe darauf ein. Der dünnere war ein Schmuckhersteller. Das gefiel ihr wieder. Er war sehr klug. Beim Sex mit seinem Freund hatte er mehr Ausdauer und ein größeres Glied als der andere, was sie beeindruckte. Sein Freund dagegen war eine richtige Schönheit. Das wurde ihr gegenwärtig, als sie ihn so nackt stehen sah und bemerkte wie er sich voller Lust seinen Freund hingab. Er war muskulös und hatte einen prachtvollen Hintern. Insgesamt ergänzten sie sich hervorragend und sie entschloss sich, beide zu nehmen. Nach dem sie die jungen Männern zehn Tage in ihrer ekstatischen Lust zugeschaut hatte, hielt sie es nicht mehr aus. Sie ließ sie an diesem Tag beide in sich rein. Damit war der Bund geschlossen. Da sie sich so gut ergänzten, war sie meistens alle drei gleichzeitig zusammen. Sie hatten dabei große Freude und waren glücklich mit der Entscheidung. Das lustvolle Zusammensein zu dritt war abwechslungsreich und extrem ekstatisch. Dieses Spiel spielten sie am Anfang häufig, denn sie waren sehr jung und voller Energie und Leidenschaft. Auch wollte Ina so schnell wie möglich schwanger werden. Nach drei Monaten war sie es dann auch und wurde von ihren beiden Männern dafür sehr verehrt.

In dieser Zeit entwickelte sich eine neue Form der Werbung unter den Geschlechtern, die heute noch dominierende Form, dass es die Aufgabe der Männer ist, um eine Frau zu werben. Bei der Werbung werden die Frauen verehrt und vergöttert. Allerdings ist das in unserer heutigen Zeit meistens nicht von Dauer. Die Zeit der Ackerbauern und Viehzüchter war eine friedliche Zeit. Keiner musste hungern und es bildete sich ein gewisser Wohlstand. Nicht alle Menschen wurden für die Nahrungsbeschaffung benötigt. So konnten sich ebenfalls das Handwerk und die Kunst schneller entwickeln. Sie bekamen den gleichen Anteil an den Erträgen. Auch gab es zu dieser Zeit schon soziale Einrichtungen wie Bäder. Einen Handel mit Waren gab es am Anfang nicht oder wurde nur sehr eingeschränkt mit Außenstehenden getätigt. Durch die fortschreitende Arbeitsteilung bildete sich eine weitere Spezialisierung heraus und die Menschen konnten sich aufgrund ihrer Begabungen, Talente und Intellekt unterschiedlich entwickeln. Da die Zeit der Jäger und Sammler vorbei war, nachdem sich die Auswahl von geeigneten Partnern hauptsächlich nach körperlichen Attributen richtete, war jetzt eine differenziertere Partnerwahl auch nach Charakter und Intelligenz möglich. Frauen wurden zwar in ihrer Rolle als Mutter verehrt, nahmen aber auch gleichberechtigt an der Arbeitsteilung teil. Sie arbeiteten auf dem Feld und in der Viehzucht. Die Gleichstellung der Geschlechter war damit ebenfalls in der Arbeitsaufteilung ausgeglichen. Durch die vorherrschende Bisexualität war es in der sexuellen Freiheit kein Problem, wenn Frauen mehre Männer hatten. Außerdem stand es Paaren frei, ebenfalls eine Familie zu zweit zu gründen. Was aber aufgrund der polygamen natürlichen Lebensweise auf Dauer sehr selten passierte. Es war ja möglich zu jederzeit weitere Partner in die Großfamilie holen. So konnten Paare, die ihre Zweisamkeit genießen wollten, dass so lange tun, bis sie sich für eine Veränderung entschieden.

Es gab in dieser Gesellschaft keine Unterschiede in der Vermögensaufteilung. Das hatte deshalb bei der Partnerwahl keine Bedeutung. Es war eine in sich geschlossene harmonische und friedliche Gesellschaft, in der die Menschen relativ zufrieden und glücklich lebten. Ihre sexuelle Lust konnten sie bis auf eine notwendige Einschränkung frei ausleben. Solange niemand mit Gewalt in dieses Gesellschaftssystem eindrang. Krieg und Eroberungen kannte sie nicht und so sahen sie lange Zeit keinen Anlass, sich vor Eindringlingen zu schützen.

Epilog

Diese Epoche schaffte ein bunteres und damit interessanteres Leben in sexueller Lust und Erfüllung. Gefühle von Zuneigung und Liebe waren in ihrer ganzen Vielfalt allgegenwärtig. Es herrschte Zufriedenheit, Glück und Frieden. Diese Vielfalt an sexueller Lusterfüllung gibt es auch heute und ist noch vielseitiger geworden. Nur grenzen sich in unserer Zeit die einzelnen Gruppen voneinander ab, während sie zu Zeit der Ackerbauer und Viehzüchter von allen in ihr eigenes Sexualleben, bis hin in die Großfamilie ausgelebt worden. Das führte zu mehr Lebensfreude und Zufriedenheit.

Schon alleine, wenn wir unsere Vorurteile ablegen, um zu erkennen, dass wir diese Möglichkeiten in ihrer Vielfalt heute ohne Reue und Schuldgefühle ausleben könnten, wenn wir es wollten, macht uns frei und glücklicher. Man braucht nicht viel Phantasie, um zu erkennen, wie viel mehr Lebensfreude es uns auch heute bieten würde.

Es gibt heute noch Vielmänner-Ehen (Polyandrie) mit einer Frau. Dazu Wikipedia: Polyandrische Gesellschaften kommen heute noch in Teilen Indiens, im Himalaya (Tibet, Kaschmir, Himachal Pradesh, Sikkim), in Bhutan, im Kongo, in Nord-Nigeria sowie bei den Paviotso (Nordamerika), Marquesas und den Da-La (Indochina) vor, in der Antike auch in Sparta, wie Xenophon, Polybios, Plutarch und Nikolaos Damaskenos bezeugen.

In dieser Entwicklungsepoche gab es aber weitere einschneidende Veränderungen, die heute in viel stärker ausgeprägter Form auf uns wirken. So war es wichtig zu wissen, wann das Getreide ausgesät und geerntet werden musste. Wann das Vieh am besten gedeckt werden sollte, es musste auf das Wetter geachtet werden und vieles mehr. Das heißt, die Zeit spielte eine immer größere Rolle. Das war neu, denn vorher gab es das Wort Zeit gar nicht. Die

Menschen lebten zeitlos und taten eben das, was notwendig war oder wenn sie Lust dazu hatten. Jetzt aber standen sie häufig unter Zeitdruck. Das prägte auch mehr oder weniger ihr soziales Leben.

Heute spielt die Zeit eine enorm große Rolle in unserem Leben. Oft stehen wir unter Zeitdruck. Das ist manchmal schon so dominierend, dass soziale Verhältnisse untereinander empfindlich gestört werden und damit auch unsere lustvollen und sozialen Beziehungen. Vieles bleibt unverbindlich. Viele Menschen glauben heute tatsächlich, sie hätten gar keine Zeit, um eine stabile soziale Beziehung aufzubauen, und befriedigen sich deshalb mit schnellen unpersönlichen Sex oder selbst. Das ist mir aus vielen Gesprächen mit Klienten oder in Gruppen bekannt. So eine Einstellung hält uns aber ganz sicher von einem dauerhaft erfüllten, lustvollen und glücklichen Leben ab und stört damit unsere evolutionäre Entwicklung.

Mit den richtigen Lebenskonzepten würden wir sicher auch heute wieder viel Zeit für uns und unser Glück zurückgewinnen können. Dazu später.

3.4. Die lustvolle Beziehung der Menschen mit der Natur und den Tieren

Damals, zu den Zeiten des Ackerbaus und der Viehzucht, hatten die Menschen ein völlig anderes Verhältnis zur Natur als in unserer heutigen Zeit. Sie fühlten sich ihr nicht überlegen, sondern eins mit ihnen und waren dankbar für eine gute Ernte. Auch heute noch feiert man deshalb in vielen Regionen das Erntedankfest. Dieser Brauch wurde von der Kirche übernommen, da sie zu ihrem Glauben passte, ist aber schon Jahrtausende älter.

Sie glaubten (oder wussten) damals, dass Pflanzen und vor allem Bäume eine Seele haben, und vergnügten sich ganz natürlich lustvoll mit ihnen. Heute ist das Umarmen der Bäume wieder in Mode gekommen und viele spüren dabei, welche enorme Kraft und Energie in ihnen fließt. Es entsteht eine emotionale Verbindung mit der Natur.

Als ich einmal in meinem damaligen Institut ein mehrtägiges Mangerseminar abgehalten hatte, führte ich die Teilnehmer am ersten Morgen auf die Wiese vor dem Haus. Noch müde sahen sie mich fragend an. Ich bat sie, sie sollten sich einen Baum suchen und diesen umarmen. Sie sollten eine persönliche Beziehung mit ihrem Lieblingsbaum aufbauen, um so eine engere Verbindung zur Natur zu bekommen. Das wurde während ihres Aufenthaltes bei mir, zum alltäglichen morgendlichen Ritual. Dabei geschah es auch, dass einige Mitglieder zu spät zum Seminar kamen, mit der Entschuldigung „Mein Baum hat mich nicht so schnell losgelassen." Natürlich habe ich nicht weiter nachgefragt.

Lustvolle Gefühle gehörten damals zum Lebensgefühl. Sie waren nichts Besonderes und wurden nicht unterdrückt oder ausgegrenzt. In einer Zeit des Eins sein mit der Natur und der freien Lustentfaltung führte das, ganz natürlich dann auch zu ekstatischen Begegnungen und Bäume sind dafür die idealen Partner.

Eine besondere Rolle kam aber den Tieren zu. Die Menschen stellten sich nicht über sie, sondern sahen sie manchmal sogar als überlegen an und verehrten sie deshalb. Wenn sie Tiere töten mussten, um zu überleben, dann bedankten sie sich bei ihnen für die Hilfe und waren fest davon überzeugt, dass auch sie eine unsterbliche Seele haben. Das beweisen Funde aus dieser Zeit.

Tiere waren den Menschen ebenbürtig und sie sprachen ihnen eine hohe Intelligenz sowie besondere positive Eigenschaften zu. Einige worden zu dieser Zeit domestiziert und die Menschen waren den ganzen Tag mit ihnen zusammen. Oft lebten sie mit ihnen unter einem Dach. Sie sahen und spürten auch ihre sexuelle Erregung. Manchmal teilten sie diese mit ihnen. Dazu gibt es heute noch Reliefs und steinzeitliche Wandmalereien, die Menschen mit Tieren bei der sexuellen Vereinigung zeigen. Sicherlich handelte es sich dabei nicht allein um reine Lustbefriedigung. Sondern es zeigt die tiefe Verbundenheit der damaligen Menschen zu ihnen.

Das war der Beginn der sogenannten Sodomie, die auch heute noch praktiziert wird. Waren es früher meistens die Nutztiere wie Ziegen und Schafe mit der sie diese Verbundenheit erlebten, werden in unserer Zeit hauptsächlich Haustiere wie Hunde bevorzugt. Man kann annehmen, dass das in früherer Zeit häufig passierte, und es auch längere Beziehungen zwischen einen Mensch und einem Tier gab.

Wir erleben es heute noch bei unseren Kindern, welche starke emotionale Bindung sie zu ihrem Haustier aufbauen können. Wie intensiv muss erst diese Verbindung in einer Zeit, wo es noch viel stärkeren Beziehung zur Natur und den Tieren gab, gewesen sein? Besonders wenn sie den ganzen Tag mit ihnen oft allein auf einer Weide verbrachten.

Aus dieser Zeit stammen verständlicherweise auch die ersten Darstellungen, die Geschöpfe zeigen, die halb Mensch und halb Tier waren. Meist sind sie stärker und klüger als der Mensch. Vereinten sie sich doch mit den starken Eigenschaften eines Tieres, welches ihm auf irgendeiner Art überlegen war. Diese Mensch-Tier-Wesen ziehen sich danach durch alle Geschichtsepochen. Die bekannteste ist wohl die Sphinx in Ägypten. Aber es gibt noch unzählige andere Darstellungen.

Die weit verbreiteten sind dabei:

Zentaur (halb Pferd, halb Mensch)

Pan der Hirten Gott (mit dem Unterkörper eines Widders oder eines Ziegenbocks)

Minotauros (ein Wesen mit menschlichem Körper und Stierkopf)

Epilog

Sex mit Tieren ist in unserer heutigen Zeit ein großes Tabu Thema. Trotzdem stecken viel Liebe und emotionale Bindung zu ihnen auch heute noch in den Menschen. Wenn man mal offene und vertrauensvolle Gespräche zu diesem Thema führt, so ist vielleicht manch einer erstaunt, wie viele Menschen sich lustvolle Erlebnisse mit einem Tier vorstellen können.

In diesem Zusammenhang hatte ich selbst einmal ein Erlebnis mit meinem Hund.

Da ich oft bis in die Nacht schreib, legte ich mich manchmal nach dem Mittagessen aufs Sofa und schlief 10 bis 15 Minuten fest ein. Länger konnte ich aber nicht schlafen, denn dann wurde es meinem Hund, ein süßer kleiner Zwergschnauzer- Rüde, zu viel. Er sprang dann auf das Sofa und stellte sich mit seinen vier Pfoten auf meine Brust und den Bauch. Ich wachte auf und er schaute mich erwartungsvoll an. Ich sollte aufstehen und mit ihm raus gehen. Einmal hatte ich keine Lust aufzustehen. Ich sagte verschlafen: „Komm, ich gebe dir mal eine bioenergetische Rückenmassage." Die ich bis dahin nur bei meiner Arbeit anwandte. Dann massierte ich ihn den Rücken und hatte die Augen dabei wieder geschlossen. Als ich etwas später zu ihm sah, bemerkte ich, dass er eine Erektion bekommen hatte und regungslos auf meiner Brust stand. Ich schaute ihn belustigt an und sagte: „Na dir scheint das ja zu gefallen." Sofort sprang er von mir runter. Mein Tonfall hatte ihn wohl abgeschreckt. Jedenfalls passierte es ihm nicht nochmal, obwohl er von da ab gerne mal eine Massage von mir genoss.

Sex mit Tieren gab es schon immer und gibt es heute noch. Auch wenn es sicherlich in früheren Zeiten nie die Regel war, so wurde es aber akzeptiert und in der Kunst festgehalten. Dank Internet berichten heute immer mehr Menschen von ihren persönlichen sexuellen Erlebnissen mit Tieren. Also scheint es auch in unserer Zeit nicht ausgestorben zu sein, obwohl es keine gesicherten Studien dazu gibt. Und meiner Meinung nach gar nicht unbedingt geben muss. Wichtig für mich war nur, die geschichtliche Entwicklung bis heute und die Gründe dafür aufzuzeigen.

Natürlich wird in der Zeit der „sozialen Marktwirtschaft" auch wieder ein Geschäft daraus gemacht und Tiere direkt dafür abgerichtet und vermietet. Auch gibt es genug Pornofilme davon. Dass es dafür Kunden gibt, zeigt nur einmal mehr, dass die freie sexuelle Entwicklung in unserer Zeit im sozialen Zusammenleben gestört ist, und hat auch in diesem Fall absolut nichts mit den natürlichen, lustvollen Beziehungen des Menschen mit geliebten Tieren zu tun.

Übrigens auch darüber hat die Bibel ihren Bann ausgesprochen und sagt: „Wenn sich ferner ein Mann mit einem Tiere paart, so soll er unfehlbar mit dem Tode bestraft werden, und auch das Tier sollt ihr töten." (3. Mose Kapitel 20, Vers 15; Menge Bibel, 1939) und an anderer Stelle: „Auch mit keinem Tiere darfst du dich paaren und dich dadurch verunreinigen; und eine weibliche Person darf sich nicht vor ein Tier hinstellen, um sich von ihm begatten zu lassen; das wäre eine schändliche Versündigung." (Levitikus / 3. Mose Kapitel 18, Vers 23; Menge Bibel, 1939).

Wenn also in der Bibel so ausführlich darüber geschrieben wird, dann war es wohl zu dieser Zeit nicht so ungewöhnlich und doch verbreitet.

Auch in Deutschland ist es heute laut Tierschutzgesetz verboten, „ein Tier für eigene sexuelle Handlungen zu nutzen …" Verstöße gegen das Verbot können mit einer Geldbuße von bis zu 25.000 Euro bestraft werden. Ich verstehe dabei nicht, wie gerade Tierschützer, die ja ein besonders tiefe Verständnis und Kenntnisse über Tieren haben sollten, davon ausgehen, dass der Mensch in jedem Fall diese Tiere dazu „benutzt". Ich glaube, man kann nicht immer generell von sexuellem Missbrauch an Tieren ausgehen. Dagegen haben Menschen beim Verfassungsgericht geklagt. Die Klage wurde abgelehnt. Wahrscheinlich, weil das Tier nicht glaubwürdig bestätigen konnte, dass es im gegenseitigen Einvernehmen geschah.

4. Die Neuaufteilung der Welt und das Ende der sozialen und sexuellen Gleichstellung der Geschlechter

Leider hielt die Epoche der Ackerbauer und Viehzüchter in Frieden und Wohlstand nur ein paar Tausend Jahre. Dann wurde sie durch Kriege und Eroberungen abgelöst. Zum ersten Mal entstand Wohlstand, der schon immer ein starkes Motiv war, für die Vernichtung von Kulturen durch Menschen, die ihn nicht hatten, aber haben wollten.

Der Ackerbau und die Viehzucht blieben, aber der Grund und Boden, der vorher Gemeingut war, besaß jetzt ein einzelner Eroberer. Alles hing vom Besitz des Bodens ab. Der den Ackerbau und die Weiden für die Tiere sicherte. Der Wohlstand, der daraus entstand, gehörte dem, der das Land durch militärische Macht zu seinem Eigentum erklärte. Dem einfachen Menschen blieb nur noch, ihm zu dienen. Wobei die Herrschaft zu dieser Zeit noch sehr unterschiedlich ausgeübt wurde. Das ging von Großfamilien und Kommunen, die gut in diesem System lebten, bis hin zur totalen Ausbeutung, Verarmung und Versklavung der Menschen. Durch die damit einhergehende weitere Spezialisierung und dem steigenden Überschuss der Produktion, der jetzt nicht mehr gleichberechtigt verteilt wurde, blühte der Handel auf. So entstand eine wohlhabende Mittelschicht. Die war wiederum der Motor eines wirtschaftlichen Aufschwungs auf Kosten ansteigender Armut.

Die sexuelle Lust blieb aber ungebrochen und für die meisten Menschen war sie in ihrer Armut die einzige Glückseligkeit, die sie hatten. Da es jetzt Arm und Reich gab, war das wahrscheinlich der Beginn der Prostitution von Frauen und Männern. Es war zwar nicht das älteste Gewerbe der Welt, aber eines, was jeder ohne weiteres tun konnte. Sicherlich oft aus der Not heraus. Sex und Lust für Essen oder für ein besseres Leben, an der Seite eines reicheren Mannes oder Frau anzubieten, war etwas völlig Neues und der Anfang, die natürliche glückliche Lust auf einen falschen, zerstörerischen Weg zu führen.

Sexuelle Lust und Ekstase beeinflussen nachweislich, außerhalb des Fortpflanzungstriebes, immer unserer Seele, oder wie der Psychologe sagen würde, die Psyche. Sie müssen frei von jedem Zwang oder anderen Motiven sein, um das Lebensglück und die einzigartige Freude darin zu erhalten, in der sich Geist, Seele und Körper weiterentwickeln. Deshalb können sie nur mit Menschen in einem sozial vertrauten Umfeld, mit dem alleinigen Motiv von Zuneigung und Vertrauen, ihre tatsächliche Erfüllung finden. Was natürlich auch manchmal sehr schnell und kurzfristig passieren kann, aber nicht mit irgendeiner Art von Gegenleistungen verbunden sein soll. Unter diesen Gesichtspunkt war eine lustvolle, ehrliche Beziehung zu einem Tier oder einen Baum zu diesem Zeitpunkt der menschlichen Entwicklung sogar noch wesentlich ehrlicher und mental gewinnbringender.

Es gab auch immer mehr Götterkulte, die sexuelle Handlungen forderten. Die jungen Frauen und Männer waren versorgt, wenn sie dem Kult beitraten, und gaben dafür ihren Körper für ekstatische und orgastische Spiele. Diese Art der sexuellen Betätigung schaffte keine soziale Bindung und richtete sich gegen die evolutionäre Entwicklung. Zwar waren sie damals meistens den Göttern geweiht, aber davon hatten nur die Priester und die Gäste, die sie dazu eingeladen hatten, etwas. Die jungen Frauen und Männer, die sich dafür zur Verfügung stellen mussten, wurden meist nur benutzt. Sie konnten dabei ihre Sexualität noch nicht einmal lustvoll ausleben, sondern taten nur das, was ihn gesagt wurde. Manchmal sogar durch den Glauben an die Götter voller Hingabe. Also Prostitution unter dem Deckmantel von religiösen Fanatikern auf hohem Niveau. Das gibt es manchmal heute noch in einigen Sekten.

Es gab auch Kulte, wo Jungfrauen und Jünglinge den Göttern zu Ehren unberührt sein sollten. Das war eine unnatürliche Qual für die Betroffenen. Auch das gibt es heute noch millionenfach in der katholischen Kirche. Letztendlich ging es hier, durch den immer größer werdenden Reichtum, um die Machtfrage. Priester und Kulte wurden nicht nur von Herrschern gefördert, sondern glaubten auch selbst daran. So gewannen die Priester Macht über sie. Und das Volk wurde dabei ruhig gestellt. Karl Marx sagte einmal: „Religion ist Opium für das Volk." Und genauso war es. Es konnten Regeln aufgestellt werden, an die sich dann in ihrem blinden Glauben alle hielten. Der Herrscher selbst wurde zum Gott und unantastbar. Kulte, in denen die stärksten Triebe der Menschen angesprochen wurden, nämlich der Sex, waren sehr wirkungsvoll und wurden so gefördert. Sex wurde zur Ware und zu einem Werbemagnet. Das alles hat nichts mit der erfüllten und natürlichen Lust zu tun.

Wie lebten aber die Menschen ihre sexuelle Lust aus?

Während Sex untereinander vorher eine wichtige Rolle im Zusammenhalt einer Gruppe spielte, verlor er jetzt allmählich die soziale Bedeutung. Durch die Einführung von Privateigentum wurde nun auch das soziale Leben durch Normen und Gesetze, die von einer herrschenden kleinen Gruppe aufgestellt wurde, geregelt. Es gab mehrere Bevölkerungsschichten, die sich nach ihren Privatbesitz untergliederten. Durch das Erbrecht von Eigentum wurden Ehen geschlossen, die den sozialen Status einer Schicht sichern oder erweitern sollten. Das hatte dann oft mit Verbindungen in lustvoller Liebe nichts mehr zu tun.

Von reicheren Schichten wurde Sex entweder mit Gewalt genommen, erpresst oder gekauft. Von den unteren Schichten wurde es oft gezielt für ein besseres Leben angeboten. Wir kennen heute noch den Spruch: „Erfolg macht sexy." Was nichts anderes bedeutet, dass erfolgreiche Menschen in der Regel einen oder mehreren Partnern ein sicheres und materiell gutes Leben anbieten können. Die natürliche freie und hemmungslose sexuelle Lust war damit beendet. Sie gab es nur noch in den unentdeckten Naturvölkern. Das war alles andere als ein Fortschritt in der Entwicklung der Evolution. Zwar gab es wilden und spontanen Sex, auch und vor allem in der ärmeren Bevölkerung untereinander, aber der war hauptsächlich triebgesteuert und hatte keine große soziale Bedeutung mehr. Höchstens in Form von religiösen Volksfesten, in denen ein ekstatisches Miteinander von Menschengruppen stattfand.

Die Bisexualität wurde ebenfalls zum größten Teil für persönliche Interessen genutzt. Sie gewann aber noch eine ganz andere Bedeutung. Wurde sie vorher frei und gleichberechtigt ausgelebt und hatte damit eine wichtige Funktion für ein glückliches und sozialgebundenes Leben in der Gruppe, wurde sie durch die massenhafte lange Trennung der Geschlechter über lange Zeiten zu einer Notwendigkeit für sexuelle Befriedigung. Das war zwar natürlich, aber auch hier spielte die soziale Funktion oft eine untergeordnete Rolle.

Diese lange Trennung wurde hauptsächlich durch Eroberungskriege hervorgerufen. Große Heere wie im Römischen Reich, bei Alexander dem Großen, Hannibal, im Morgenland und Asien, trennten die Geschlechter oft viele Jahre voneinander. Die sexuelle Lust aber blieb und wurde untereinander gleichgeschlechtlich ausgelebt. So hatte Alexander der Große mitunter fast 50.000 Männer im

Heer, die über viele Jahre keine Frau zu Gesicht bekamen. Das Heer im Römischen Reich umfasste sogar eine Stärke von 250.000 bis 300.000 Mann. Auch die waren jahrelang unter sich. Man schätzt, dass es weiterhin zur Zeit des Römischen Reiches mehr als 300.000 Gladiatoren gab, die ebenfalls kaum Frauen zu Gesicht bekamen. Und so lässt sich das in dieser Zeit überall in der Welt beobachten.

Aber nicht nur durch Eroberungskriege gab es massenhafte lange Trennung zwischen den Geschlechtern. Auch und vor allem durch Baumaßnahmen der Herrscher. So waren beim Bau der großen Pyramide 6700 Männer zwanzig Jahre lang damit beschäftigt. Am Bau der großen Mauer in China arbeiteten insgesamt mehr als 20 Millionen Männer mehr als 300 Jahre lang. In der letzten Zeit ließen sie zwar dann Familien im Arbeitslager zu, aber trotzdem gab es einen großen Frauenmangel. Überall auf der Welt gab es riesige und lang anhaltende Baumaßnahmen, die eine Trennung der Geschlechter oder zumindest ein unausgewogenes Verhältnis mit sich brachten.

Die Frauen hatten durch die massenhafte Trennung und durch Massentötungen der Soldaten in den Schlachten, die sie führen mussten, zu wenige Männer. Die natürliche Bisexualität wurde durch den Mangel an Gelegenheiten überstrapaziert und entsprach nicht mehr den evolutionären Gesetzen einer freien sexuellen Entwicklung. Die herrschende Klasse, die diese Trennungen nicht miterleben musste, erpresste und kaufte sie, wie Sex überhaupt. Da Bisexualität zu dieser Zeit durch die langen Massentrennungen überall im Reich gegenwärtig war, wurde sie in der herrschenden Klasse ebenfalls reichlich ausgelebt. Man nimmt an, dass zum Beispiel in Ägypten die gleichgeschlechtliche Liebe zur Entwicklung junger Adliger dazu gehörte. Hohe Kulturen wie das alte Griechenland lebten es auch ohne Mangel frei und ausgiebig lustvoll aus.

Epilog

Das Verhältnis zwischen den Geschlechtern änderte sich nachweislich schlagartig und später endgültig mit der Festschreibung im Alten Testament: „Die Frau sei des Mannes Untertan." (Kolosser 3:18 „Ihr Weiber, seid untertan euren Männern in dem HERRN, wie sich's gebührt.") vor ca. 3000 Jahren. Und egal, wie man es auch heute auslegt: Genau so wurde es tausende von Jahren praktiziert. Erst im Laufe des zwanzigsten Jahrhunderts konnten zum Beispiel Frauen zur Wahl gehen.

Dazu noch einmal einen Bibeltext: 1. Korinther 14:34

„Wie in allen Gemeinden der Heiligen lasset eure Weiber schweigen in der Gemeinde; denn es soll ihnen nicht zugelassen werden, dass sie reden, sondern sie sollen Untertan sein, wie auch das Gesetz sagt."

Es begann über eine lange Zeit einen inneren und äußeren Geschlechterkampf, der heute noch nicht beendet ist und der eine verheerende Auswirkung auf die evolutionäre Entwicklung der Menschen hatte.

Auch heute ist eine Gleichheit der Geschlechter in der Gesellschaft nicht in Sicht. Hauptsächlich deshalb, weil keiner so richtig durchblickt, wie eigentlich Gleichheit oder Gleichberechtigung in einer Leistungsgesellschaft, in der wir heute leben aussehen muss. Darüber sind sich die Menschen, Männer wie Frauen, nicht einig und es trägt schon manchmal lächerliche Stilblüten. Das hat selbstverständlich Folgen bei der sexuellen Erfüllung in unserer Zeit.

Jeder sollte hier ganz persönlich seinen Weg finden. Das betrifft beide Geschlechter. Die so lange unterdrückte Gleichheit muss hauptsächlich wieder von innen kommen. Man sollte sich da nicht auf Gesetze, Quotenregelungen, Medien und Ähnliches verlassen oder beeinflussen lassen. Es zeigt nur die Hilflosigkeit der gesellschaftlichen Führer, das Problem wirklich zu erkennen: Nämlich die falsche Lebensweise, die uns von den herrschenden gesellschaftlichen und wirtschaftlichen Regeln und Gesetzen aufgezwungen wird. Um das zu ändern, muss man aber gründlich umdenken. Deshalb findet man sein eigenes Glück in der Familie, wie die auch immer in der Arbeitsteilung aussieht, oder in einer sozialen Gruppe, in die man sich integrieren will. Dort ist die Gleichberechtigung der Geschlechter leicht umzusetzen, denn es liegt in der Natur des menschlichen Miteinanders. Nur dort können Sie unter heutigen Bedingungen die Grundlage schaffen und sich ein glückliches und erfülltes Leben aufbauen. Ist es denn wirklich wichtig, was Sie tun oder ist es wichtig, dass Sie in dem, was sie tun, ihre persönliche Erfüllung finden und das auch gleichwertig in der Familie oder einer Gruppe anerkannt wird? Sie also Wertschätzung dafür erhalten und bei Entscheidungen eine gleichberechtigte Stellung einnehmen? Das betrifft, wie schon gesagt, Männer und Frauen. Glücklich werden Sie doch nicht in einer verhängnisvollen Leistungsgesellschaft, wie sie zurzeit mit ihrer manipulierenden Ideologie und der Marktwirtschaft dominierend ist.

Männer und Frauen sind evolutionär auf ganz natürliche Art und Weise in Gleichheit mit einander verbunden. Auch das steckt heute noch in den Genen. Wenn sie sich nicht von außen beeinflussen lassen, werden sie diese gegenseitige Achtung und den Respekt vor einander fühlen und leben können. Nutzen sie ihre unterschiedliche Denkweise, um sich in diesem vermeidlichen Widerspruch, zwischen Mann und Frau, weiter zu entwickeln und glücklicher zu werden. Eine sehr wichtige Rolle spielt dabei, Ihre Toleranz und das lustvolle Verhalten zu einander, das Ihnen sehr helfen wird, mit ihren Unterschieden gemeinsam zu wachsen. Die sexuelle Entwicklung stagnierte in dieser Zeit unter den Bedingungen des Privateigentums und der Entstehung von starken sozialen Unterschieden von Arm und Reich. Diese Unterschiede existieren zwar heute noch, sind aber, zumindest in den entwickelten Industrieländern, nicht mehr so stark ausgeprägt. Zumal selbst in den unteren Schichten in den meisten Fällen, keine direkte Not mehr herrscht. Die totalitäre Gewalt gibt es heute in vielen Ländern nicht mehr, und damit auch nicht die Macht, sexuelle Bedürfnisse gewaltsam ganz legal befriedigen zu können. Wir verfügen über eine gewisse Selbstbestimmung, auch über unseren Körper und unsere sexuellen Aktivitäten. Aber es gibt noch viele Vorurteile, selbst in uns, manchmal auch falsche Glaubenssätze.

Wir hatten die Freiheit der sexuellen Lusterfüllung und der Liebe seit hunderttausenden von Jahren. Jetzt müssen wir sie wieder erkämpfen, auch in uns selbst. Das ist uns in vielen Regionen der Welt schon teilweise im Ansatz gelungen. Es ist eine Chance bzw. eine Voraussetzung, nun auch wieder unsere volle Freiheit bei der schönsten Sache der Welt zu erlangen. Die Lebensbedingungen geben dafür grünes Licht. Dazu müssen wir aber nicht nur um die Änderung von Regeln und Gesetzen kämpfen, sondern auch unsere eigenen Vorurteile und falschen Glaubenssätze ändern. Und das ist viel schwieriger. Wir sollten erkennen, dass sich diese Vorurteile und Glaubenssätze, denen wir als Kinder hilflos ausgesetzt waren, gegen unser eignes ICH richten und uns bei unserer sexuell lustvollen und wunderbaren Erfüllung behindern. Ein Prozess, der uns wachsen lässt und glücklich macht.

Es gibt immer mehr Frust, Schuldgefühle und anonyme orgastische Erlebnisse, die der Kurzzeitbefriedigung dienen, statt wirklich erfühlte, sozialgebundene Lusterfüllung. Unsere natürlichen und vorhandenen mentalen und körperlichen Voraussetzungen für ein glückliches soziales Leben in freier sexueller Lust sind eine Chance, die Ketten, die uns vor ca. 3000 Jahren durch gesellschaftliche Regeln und Normen angelegt wurden, zu sprengen. Was da damals wirklich passiert ist und wie es uns heute noch beeinflusst, erfahren Sie im nächsten Kapitel.

5. Der dramatische Irrweg und die soziale und sexuelle Unterdrückung durch religiöse Lehren

Alles änderte sich vor ca. 3000 Jahren, mit dem Alten und danach mit dem Neuen Testament, das heute noch als das Fundament der katholischen Kirche bezeichnet wird. Die Menschen wurden in eine unnatürliche Zwangsjacke gesteckt, besonders auch, was ihre natürlichen sexuellen Bedürfnisse betraf. Das wollte bzw. konnte sie aber nicht hinnehmen. Hier einige Beispiele:

In der wohlhabenden Klasse wurden junge Mädchen als Dienerinnen und Lustknaben als Diener oder Knappen getarnt. Das hauptsächliche Motiv dahinter war aber das lustvolle Vergnügen mit ihnen.

Der Sklavenhandel von jungen Frauen und Jünglingen blühte auf, denn Sklaven waren rechtlos und konnten in diesem gesellschaftlichen Status hemmungslos zur Befriedigung der sexuellen Lust benutzt werden. Das war so präsent, dass es heute ebenfalls von einigen Menschen spielerisch zu ihrer Lustbefriedigung angewandt wird und oft die Gewalt dabei eine lustvolle Rolle spielt.

Die Hurenhäuser schossen besonders in den Städten wie Pilze aus dem Boden. Auch das gibt es heute. Das alles endete auch nicht vor den Institutionen der Kirche.

Die aufgezwungene unnatürliche Abstinenz führte zu einer Massenhurerei. Und das war eine völlig normale Reaktion. Das einfache Volk feierte weiter heidnische Feste, wo eine große Menschengruppe hemmungslos ihre Lust auslebte. Solche Feste gab es aber auch an Herrscherhäusern, wie uns zum Beispiel die Geschichte von Salomon und der Königin von Saba zeigt. Wo immer es möglich war, wurde unter dem Deckmantel von heidnischen religiösen Festen Sex ausschweifend ausgelebt. Die Menschen brauchten ein Ventil, um ihre angestaute natürliche Lust auszuleben.

Es gab selbst für arme Leute Huren und Männer, die sich nicht mehr teuer verkaufen konnten. Und sie wurden gerne von den Armen angenommen.

Zwar gab es die Bisexualität weiterhin. Aber bei Weitem nicht so, wie es natürlich gewesen wäre. Gerade die armen Menschen hatten Angst davor. Hörten sie doch immer wieder in der Kirche von den schrecklichen Strafen Gottes, wenn sie ihre Lust dadurch auslebten. Viele arme und unwissende Menschen glaubten dann daran. So wurde diese lustvolle Seite ihres Lebens zugenagelt. Während zur gleichen Zeit der Pfarrer, der ihnen das predigte, sich mit seinem Messdiener lustvoll vergnügte. Davon gibt es heute sehr wahrscheinlich Zehntausende von Fällen auf der Welt. Und das gab und gibt es bis in die höchsten Kreise der Kirche. Selbst hohe Würdenträger vergnügten sich mit jungen Priestern und Frauen. Was ja ganz natürlich war. Verheerend waren nur die Verlogenheit und die falschen Regeln, die sie den Menschen unter hoher Strafandrohung dazu auferlegten. Welche dramatischen Folgen durch diese riesige Lüge der Kirche entstanden sind, kann man gar nicht mehr im vollen Umfang erfassen. Anzunehmen ist, dass dadurch im Laufe der Geschichte Millionen von Menschen ums Leben kamen. Und heute noch gibt es die Todesstrafe für Untreue und gleichgeschlechtliche Liebe in einigen Ländern.

So wanderte Michael an einem schönen Sommertag einen Feldweg entlang. Er war 23 Jahre und in einem Kloster aufgewachsen. Seinen ersten Orgasmus bekam er, als gerade Klosterbrüder, die jede Nacht in den Schlafsaal der Jungen kamen, sein erregtes Glied streichelte. Das war aufregend und obwohl er wusste, dass es streng verboten war, ließ er es gern zu. Es waren ja die Klosterbrüder die es taten. Also musste es gottgefällig sein. Da der Abt des Klosters ebenfalls Gefallen an ihm fand, hatte er das große

Glück, dass er von ihm gefördert wurde. Er lernte im Kloster das Pfarreramt und hatte jetzt seine erste Gemeinde bekommen. Es war zwar nur ein kleines Dorf, aber er war stolz, endlich eine eigene Gemeinde zu haben. Die Trennung vom Kloster fiel ihm nicht schwer. Voller Ideen und Freude lief er nun zu seinem Dorf. Dort erwartete man ihn ungeduldig, denn sie hatten schon zwei Jahre keinen Pfarrer mehr. Seine erste Predigt wurde von den Menschen gut aufgenommen. Und da er sehr freundlich war, wurde er schnell beliebt in diesem kleinen Ort. Eines Tages kam ein Junge zu ihm und erzählte, dass er einen anderen Jungen gesehen hatte, wie er sich von einem Mann hat besteigen lassen. Deshalb rief er den Sünder zu sich und stellte ihn zur Rede. Natürlich stritt er alles ab, denn er kannte die harte Strafe, die ihn erwarten würde. Er war 15 Jahre alt und ein auffallend hübscher junger Mann. Der Pfarrer schlug ihm vor, sein Messdiener zu werden. So könnte er ihn besser im Auge behalten. Sagte er. Von einer Bestrafung wollte er absehen. Der Junge strahlte ihn dankbar an und sagte natürlich sofort zu. Seine Aufgaben in der Kirche erfüllte er gewissenhaft und himmelte seinen Pfarrer an. Eines Tages, die Predigt war gerade zu Ende und die Kirche leer, liefen sie beide ins Hinterzimmer, um ihre Kirchenkleider auszuziehen. Er bemerkte, wie sein Messdiener unruhig wurde, und er wusste warum. Schon lange war es auch ihm nicht gleichgültig, wenn sie so beim Auskleiden beieinanderstanden. Er sah zu seinem Messdiener, als er sein Gewand abgelegt hatte. Da bemerkte er dessen steifes Glied. Jetzt konnte auch er sich nicht mehr zurückhalten. Sie umarmten sich und rieben ihre Körper aneinander. Dann zogen sie sich aus und der Junge drehte sich um und bückte sich. Danach ging alles seinen natürlichen Lauf. Das lustvolle Stöhnen zeigte, wie sehr es beide genossen. Auch er wollte diesen Genuss, den er dem Jungen gegeben hatte, noch erleben, denn er kannte ihn ja schon aus dem Kloster, und bückte sich ebenfalls. Und sein Messdiener tat voller Begeisterung sein Werk. Nachdem sie fertig waren, zogen sie sich ohne ein Wort zu sagen an, und etwas später war er allein in der Kirche. Jetzt packte ihn die Schuld. Er war der Gemeindepfarrer, da durfte so was nicht passieren.

So nahm er eine achtsträhnige Lederpeitsche und lief zum Altar. Dort legte er seinen Rücken frei und peitschte sich voller Reue aus. Er musste Reue zeigen, sonst käme er nicht in den Himmel. Da er große Schuld spürte, peitsche er sich so stark aus, bis ihm das Blut kam. Dann legte er sich mit dem Bauch vor den Altar und bat Gott um Verzeihung. Am Abend beim Essen war er fest davon überzeugt, dass so etwas nie wieder passieren wird.

Am nächsten Tag besuchte er einige Gemeindemitglieder. Auf der Straße traf er dann seinen Messdiener, der ihn freundlich begrüßte. Er forderte ihn auf, am nächsten Tag in die Kirche zu kommen, um den Altar zu putzen. Der Junge strahlte ihn an und sagte zu. Als er wieder zur Kirche lief, dachte er an ihn und sah die Bilder vor sich, wie er sich ihm am Tag zuvor lustvoll hingegeben hatte. Jetzt freute er sich auf die nächste Begegnung.

Was für ein schönes Happyend, sollte man glauben. Nur wurde es zu dieser Zeit mit Gefängnis und dem Höllenfeuer bestraft. Und so ist es auch heute noch.

Was haben die großen Religionen bei der sexuellen Erfüllung der Menschen in dieser Zeit bewirkt? Dazu fassen wir mal die wichtigsten Regeln aus dem Alten und Neuen Testament zusammen:

Sex darf ausschließlich in einer Ehe zwischen Mann und Frau stattfinden. Wie es heißt:

Du sollst nicht ehebrechen. (Das sechste Gebot) Eine Zeit lang durfte auch dieser Sex in einigen religiösen Richtungen nur noch zum Zwecke der Zeugung von Kindern stattfinden. Es war also nur der Fortpflanzungstrieb, der erlaubt wurde. Das war noch nicht einmal im Tierreich die Regel. So entstand auch die Ideologie der Kirche, sie müsse ihre Schäfchen hüten.

Sex außerhalb der Ehe war verboten. Ja, selbst der Gedanke daran war verboten. Wie es heißt: „Du sollst nicht begehren deines Nächsten Weib, Knecht, Magd, Vieh noch alles, was sein ist." (Das zehnte Gebot) oder Matth. 5, 27-28: Jesus sagt: "Ihr habt gehört, dass gesagt ist: Du sollst nicht ehebrechen. Ich aber sage euch, dass jeder, der eine Frau ansieht, ihrer zu begehren, schon Ehebruch mit ihr begangen hat in seinem Herzen."

Selbstbefriedigung war verboten, denn der körperlichen Begierde nachzugeben, außerhalb der Ehe, egal in welcher Form, ist Sünde.
Gleichgeschlechtliche Liebe war verboten. Hier ein Bibeltext von vielen dazu: Lev 18,22 EU: „Du sollst nicht bei einem Mann liegen wie bei einer Frau; es ist ein Gräuel." In einen anderen Bibeltext gibt es dann auch noch die Todesstrafe dafür.
Sex mit Tieren ist verboten. Die von Gott vorgesehene Strafe für Sodomie war der Tod: (Wiederholung)„Wenn sich ferner ein Mann mit einem Tiere paart, so soll er unfehlbar mit dem Tode bestraft werden, und auch das Tier sollt ihr töten." (3. Mose Kapitel 20, Vers 15; Menge Bibel, 1939)

Was sagt uns das? Doch erst einmal hauptsächlich, dass es das alles vorher schon immer gab. Und zwar nicht nur im

Verborgenen oder selten, dann würde es sicherlich nicht in solchen Schriften öffentlich benannt worden sein, sondern irgendwann gehörte es zu der natürlichen sexuellen Erfüllung der Menschen dazu. Die Kirche hat es dann nur „verteufelt".

Das heißt im Klartext, alle geschlechtsreifen Menschen durften keinerlei lustvolle Begegnungen haben, auch nicht mit sich selbst. Ja, sie durften noch nicht einmal daran denken. Nur in einer Ehe, die damals ausschließlich von der Kirche geschlossen werden konnte, war es erlaubt. Eine Zeitlang sollte Sex eigentlich aus den Gedanken und Gefühlen der Menschen gestrichen werden und wurde nur als ein notwendiges Übel zur Zeugung von Kindern gesehen. Zumindest nach den Lehren der Kirche. Das war wider die Natur und jegliche Vernunft. Obwohl in den Schriften auch einige den Sex in der Ehe lobten, setzte sich das aber lange Zeit nicht durch. Die Menschen sollten sich sexuell wieder zurückentwickeln, wo allein die Fortpflanzungsmotive galten.

Hier ein passender Bibeltext dazu:

Dann sprach Gott: »Nun wollen wir Menschen machen, ein Abbild von uns, das uns ähnlich ist [...].« So schuf Gott die Menschen nach seinem Bild, als Gottes Ebenbild schuf er sie und schuf sie als Mann und als Frau. Und Gott segnete die Menschen und sagte zu ihnen: »Seid fruchtbar und vermehrt euch! Füllt die ganze Erde und nehmt sie in Besitz! [...].« So geschah es. Und Gott sah alles an, was er geschaffen hatte, und sah: Es war alles sehr gut. (1. Mose 1,26-31)

Zu dieser Zeit aber hatte sich der Mensch sexuell und sozial schon längst viel weiter entwickelt. Die lebens- und glückserfüllende Vielfalt der sexuellen und sozialen Funktionen wurde einfach geleugnet, verteufelt und streng verboten. Das hatte aber nichts mit Moral zu tun, sondern es waren Machtinteressen. Sie wollten so die absolute Kontrolle über die Menschen erlangen. Es war ein Rückschritt über hunderttausende von Jahren.

Wie konnte sich so eine Religion überhaupt bei den Menschen durchsetzen?

Alles, was da verboten und verteufelt wurde, war zu dieser Zeit ganz normal und gehörte zum Leben und trug hunderttausende von Jahren zu unserer Entwicklung bei. Hatten die Menschen erkannt, dass sie 300.000 Jahre zwar glücklich damit waren, aber falsch gelebt haben? Waren sie deshalb froh, dass nun endlich jemand kam, der es ihnen sagte?

Wohl kaum. Nein, aber zum einen konnten sie ja die Bibel nicht selbst lesen. Zum anderen war diese Religion durch das Predigen der Nächstenliebe wirklich revolutionär und war das weitaus beste Mittel für die herrschende Klasse, ihre Macht zu festigen. Das erkannten sie. Zwar nicht alle sofort, aber doch innerhalb kurzer Zeit die meisten. Also wurde es von ihnen gefördert. Es gab im Wesentlichen drei Gründe dafür.

1. Ich bin der Herr, dein Gott. Du sollst keine anderen Götter haben neben mir. (Erstes Gebot)

Vorher musste sich die herrschende Klasse mit vielen Göttern arrangieren. So hatten viele Priester Einfluss auf das Volk. Die mussten alle zufrieden gestellt werden. Auch gab es damals dadurch öfter Unruhen und Machtkämpfe unter den verschiedenen Glaubensrichtungen. Da kam ein einziger Gott, den alle anbeteten, gerade recht. So hatten sie nur noch eine Religion und ihre Vertreter, mit denen sie sich einigen mussten. Zu dieser Zeit waren sie sich ihrer Führungsrolle im Land sicher. Sie konnten noch nicht ahnen, dass eine einzige Religion für ein Volk auch enorme Macht an sich reißen kann. Später brachte dann diese

Religion, im Zenit ihrer Macht, große Könige und Kaiser zum Fall.

2. Es gab weltliche Führer in Gottes Gnaden. Deshalb musste ihnen Gehorsamkeit geleistet werden.

Was gab es da für einen weltlichen Herrscher besseres? Jetzt konnte er auch noch uneingeschränkt durch die einzige Religion, die es nun gab, Gehorsam aller seiner Untertanen einfordern, denn er hatte ja dafür Gottes Gnade.

3. Erster Johannesbriefs: „Und dies ist das Zeugnis: dass Gott uns ewiges Leben gegeben hat, und dieses Leben ist in seinem Sohn. Wer den Sohn hat, hat das Leben; wer den Sohn Gottes nicht hat, hat das Leben nicht. Dies habe ich euch geschrieben, damit ihr wisst, dass ihr ewiges Leben habt, die ihr an den Namen des Sohnes Gottes glaubt."

Es gibt noch viele Bibeltexte zum ewigen Leben und vor allem auch zum Paradies, in das die Gläubigen nach dem Tod dann gehen, wenn sie nach den kirchlichen Lehren leben. Diese Religion versprach allen das Himmelreich, die den Regeln der Kirche gehorchten. Was war das für eine große Freude für den Herrscher. Heißt es doch: „Tut nur alles gehorsam, was euch der Herrscher auflädt, denn er ist von Gottes Gnaden auserwählt. Desto schlechter es euch dabei geht, umso besser wird es euch dann im Paradies gehen. Denn euch gehört ja das Paradies." Genauso wurde es damals von der Kirche gepredigt. Ein besseres Ausbeutungssystem konnte es doch nicht geben.

Hier ein Bibelauszug: „Glücklich seid ihr Armen, denn euer ist das Königreich Gottes" (Lukas 6:20).

Mit einem so einmaligen phantastischen Machtinstrument, das sie in dieser Zeit mit den Lehren hatten, ließen sich die Herrscher das was kosten, um diese Religion zu einer festen Staatsreligion zu machen. Gotteshäuser wuchsen, neben den schon erwähnten Hurenhäusern, wie Pilze aus dem

Boden. Dort wurde überall jede Woche Gottes Wort gelehrt. Alle wurden dazu verpflichtet, der Kirche beizutreten. Das war etwas völlig neues. Schon den Kindern wurden die kirchlichen Lehren beigebracht. Auch das war neu. Diese Religion musste in die Köpfe aller Menschen, um die Macht der Herrscher endgültig und für immer zu festigen. Es wurde zum größten Ausbeutungsinstrument der Menschheit. Einige Vertreter der Kirche taten es sehr gründlich und erbarmungslos. Andere wiederum nur halbherzig, da sie sich selber nicht daran hielten, was sie predigen mussten.

Wie sah es aber mit dem Sex aus?

Das war kein Problem. Die herrschende Klasse hielt sich sowieso nicht an die vielen Verbote. Und das wurde von der Kirche toleriert, zumindest bis ins 13. Jahrhundert. Bis zu dieser Zeit war auch die Vielehe in der herrschenden Klasse eine gängige Praxis. Aber auch sonst wurde ein lustvolles Leben mit Frauen, Männern und Knaben geführt. Taten es ja die Kirchenleute zum größten Teil auch. Selbst Päpste vergnügten sich nachweislich hemmungslos mit Frauen und Jünglingen.

Aber das Volk lief fleißig jede Woche in die Kirche und wurde zwischendurch von ihrem Priester beobachtet und bei Bedarf besucht, um die kirchliche und weltliche Gehorsamkeit zu festigen. Die soziale und sexuelle Unterdrückung durch die Ehe wurde dort eine feste Instanz. Auch die Kinder hatten ihre kirchliche Ausbildung. Und Vorurteile und falsche Glaubenssätze, die schon in der Kindheit eingepflanzt wurden, setzen sich besonders stark im Bewusstsein der Menschen fest. Das wusste man damals schon.

Erst lebten die einfachen Leute noch heimlich ihre sexuellen Wünsche aus, dann aber aus Angst seltener, da es immer mehr Zuträger gab und Bestrafungen häufiger wurden. Also fingen sie an, daran zu glauben. Daraus entwickelten sich dann von Generation zu Generation immer festere Glaubenssätze, die sich gegen ihre eigenen Bedürfnisse und Gefühle richteten. So gewann die Ehe für sie an Bedeutung. Denn nur dort konnten sie ihre sexuelle Lust noch mehr oder weniger ausleben. Diese Glaubenssätze sind auch noch heute in uns verankert.

Aber noch einmal klar und deutlich: Die Ehe wurde von Anfang an nur als das fundamentalste und damit wichtigste Machtinstrument der Kirche propagiert, um die Menschen sozial und sexuell zu beherrschen. Die Kirche allein konnte von da ab darüber bestimmen, Ehen zu schließen. Für die Menschen war es noch die einzige Möglichkeit, ihrer natürlichen starken sexuellen Lust nachzukommen. Die Kirche entschied darüber, ob sie Menschen dafür zusammenführte. Das tat sie nur, wenn die fleißig zum Gottesdienst kamen und gottesfürchtig waren.

Und die vielen sexuellen Verbote (besonders der damals noch allgemein verbreiteten bisexuellen Liebe) dienten dazu, dass außerhalb der Ehe nichts mehr erlaubt war, wo sich die Menschen hätten natürlich ausleben können, aber auch dadurch keine unkontrollierten starken sozialen Kontakte haben konnten. So machte man sie für die Kirche absolut kontrollierbar.

Die Kirchenvertreter hatten nur noch ihre „Schäfchen" zu hüten und darauf zu achten, dass sich alle daran hielten. Die Ehe wurde zu einem menschlich zutiefst unwürdigen Instrument der Machtausübung und führte zur Stagnation und Devolution. Die freien Gefühle der Liebe wurden brutal unterdrückt und nur noch in die Bahnen gelenkt, die der Kirche dienten. Sie entsprach zu keiner Zeit der natürlichen evolutionären Entwicklung des Menschen und tut es, so lange sie noch immer als „Fundament" einer Gesellschaft existiert, auch heute nicht.

Man könnte jetzt einwenden, dass es die Ehe ja schon vorher gab. Aber diese Ehen entstanden aus der Not heraus und nicht, weil es der Natur des Menschen entsprach. Sie waren dementsprechend auch nicht mit so vielen Verboten und Regeln behaftet. Durch die ungerechte Verteilung des gesellschaftlichen Reichtums konnten sich die meisten einfach eine Großfamilie nicht mehr leisten, waren aber auch nicht absolut monogam und heterosexuell dabei. Im Gegenteil, zu dieser Zeit waren gleichgeschlechtliche Beziehungen neben der Ehe, in manchen Hochkulturen gesellschaftlich anerkannt. Bei den Reichen gab es zu dieser Zeit noch sehr häufig die Vielfrauenehe und eine reiche Kultur der gleichgeschlechtlichen Beziehungen sowieso.

Diese Ehe, die die Kirche einführte, war etwas ganz anderes. Sie sollte ihr die absolute soziale und notwendigerweise auch die sexuelle Kontrolle über die Menschen sichern. Die soziale Entwicklung der Menschen wurde dadurch erheblich gestört. Die Menschen wurden egoistischer und bekämpften sich oft unter und zwischen den Familien, statt sich im lustvollen Zusammensein gegenseitig zu unterstützen. Und das ist heute zum Teil noch so, was viele Nachbarhaftsstreitigkeiten, Erbstreitigkeiten und vieles mehr beweisen.

Erst ab Ende des 13. Jahrhunderts hatte die Kirche dann ihre Macht soweit gefestigt, um auch den weltlichen Herrscher ihre sexuellen Regeln aufdrücken zu können. Zumindest was nach außen drang. So wurde auch für sie die Vielehe verboten und die Ehe wurde lebenslang geschlossen. Was der Herrscher dann inoffiziell tat, spielte keine Rolle. Die sexuelle Lustbefriedigung mit Frauen, Männern oder Knaben wurde aber in der Kirche selber zu jeder Zeit reichlich betrieben. Trotzdem hatte sie jetzt dadurch mehr Macht über die herrschende Klasse, was sie dann in der späteren geschichtlichen Entwicklung häufig nutzte.

Epilog

Ich möchte an dieser Stelle bekennen:

„Ich glaube, dass sich die Evolution nach einem übergeordneten, universellen Plan richtet. Planen aber kann nur ein Bewusstsein. Ja, auch ich glaube an ein übergeordnetes universelles Bewusstsein, aus dem ich komme, mit dem ich kommunizieren kann und in das ich wieder gehe, wenn meine körperliche Zeit hier beendet ist. Aber dieser „Gott" würde niemals Regeln und Normen aufstellen, wonach sich die Menschen richten müssen. Das widerspricht der universellen Weiterentwicklung, nach dem er strebt. Denn mein „Gott" bzw. das universelle Bewusstsein, von dem ich ein Teil bin, will durch die ungestörte Entwicklung des unvollkommenen Menschen immer wieder zu neuen Erkenntnissen kommen und selbst dabei wachsen. Es kann uns aber dabei helfen, unsere Wünsche in diesem Leben zu erfüllen, die zum Wachstum aller beiträgt. So wie ich es in meinem Buch: „Glück ist kein Zufall" beschrieben habe. Aber es wird niemals vorschreiben, wie der Mensch zu leben hat.

Wir sind unvollkommen und das ist gewollt. „Gott" liebt uns alle in unserer Unvollkommenheit und genau so braucht er uns auch. Wir brauchen niemanden der uns in „Gottes Namen" sagt, was wir tun dürfen und was nicht. Wir müssen aus uns selbst und unseren Erfahrungen heraus lernen und uns entwickeln. Nur so entsteht Wachstum auch in „Gott" oder der universellen Ordnung. Durch die Evolution wird uns der Weg gezeigt. Das trifft auch besonders für die Entwicklung unserer wunderbaren sexuellen Kräfte zu. Sie ist ein Instrument der Evolution, das uns weiterbringen soll. Keiner weiß, welche Bedeutung sie in Zukunft auf die Entwicklung unseres Bewusstseins haben wird und wohin sie uns führt.

Regeln und Normen in der sexuellen Entwicklung behindern uns und werden nur von unwissenden und unvollkommenen Menschen erhoben und das oft in „Gottes Namen". Es sind Regeln die nachweißlich unnatürlich sind und sich gegen die Evolution richten. Und erst Recht nicht sollte es von einer Gesellschaft übernommen werden. Kein Mensch kann in „Gottes Namen" reden. Dazu ist er in seiner gewollten Unvollkommenheit gar nicht in der Lage. Und fragwürdige Schriften, die mal einfach so zusammengestellt wurden, schon gar nicht.

Ich achte und teile also den Glauben an ein höheres Bewusstsein, manche sagen Gott dazu. Die meisten Menschen gehören heute einer Religion an und danken damit der Schöpfung, aus der alles entsteht. Diese Dankbarkeit ist eine große Motivation für den Respekt gegenüber dem Leben überhaupt und kann ausschlaggebend für eine der größten Herausforderungen unserer Zeit sein, den Erhalt unseres Lebensraums. Die meisten Religionen in der heutigen Zeit streben nach Liebe, Frieden, Barmherzigkeit und gegenseitiger Hilfe, die wichtigsten Eigenschaften für ein glückliches Zusammenleben der Menschen. Vergessen wir auch nicht, es waren die evangelischen Pfarrer, die die gleichgeschlechtliche Liebe vor Gott gleichberechtigt anerkannten, weil für sie einzig und allein die Liebe zählte. Erst später zog dann zögerlich die Gesellschaft nach. Auch viele christliche Jugendgruppen setzen sich heute mit fortschrittlichen Gedanken über die Sexualität auseinander. Das und vieles mehr sind sehr positive Impulse bei der weiteren evolutionären Entwicklung der Menschen und der Welt. Es gibt auch christliche Strömungen und Kirchen, wo es keine dieser Regeln mehr gibt. Dort ist Gott Liebe und wird auch so gelebt. Ihr höchstes Ziel ist es, durch die Liebe alle Menschen zu vereinen, egal welcher Religion sie angehören und ob überhaupt. Alle Menschen sind gleich und es wird ihnen nichts vorgeschrieben. Das hat mit dem Unsinn, der vor ca. 3000 Jahren begann, und den meisten negativen Folgen daraus, nichts mehr zu tun.

Sicherlich gibt es Menschen, die aufgrund ihres tiefen Glaubens oder ihrer spirituellen Begabungen eine stärkere Verbindung zu „Gott" oder, wie ich es nenne, zu dem universellen Bewusstsein, aufnehmen können. Aber diese Informationen, die sie hauptsächlich über Gefühle erhalten, sind nicht dafür geeignet, Regeln und Normen für die Menschen aufzustellen. Das entspringt dann wiederum nur ihrem eigenen kleinen Bewusstsein, das unvollkommen und fehlerhaft ist.

Und das fing bei der Verfassung und der späteren Auslegung und dem Aussortieren des Alten und Neuen Testaments schon an und wurde immer weiter fortgeführt. Aber kein Mensch weiß, wie diese Schriften ursprünglich zustande gekommen sind. Wie um Himmelswillen kann so eine Schrift, von Menschenhand geschrieben und aussortiert, zu so einem ewig gültigen Dogma gemacht werden? So kamen auch die Verbote und Regeln zum sexuellen Verhalten der Menschen von ihnen und nicht von Gott. **Und die sind falsch.**

Gott würde nie Regeln und Verbote über die sexuelle Entfaltung der Menschen erstellen. Im Gegenteil, nach meiner Auffassung richtet sich das gegen seinen göttlichen oder evolutionären Plan. Solche falschen Verbote und Gebote wurden aber von der Gesellschaft übernommen, die daraus Regeln, „moralische" Normen und Gesetze entwickelt hat, die sich gegen die freie Entfaltung des Menschen richteten und die heute noch ein falsches und verzerrtes Bild davon geben, egal wie vermeidlich fortschrittlich auch einige Länder damit umgehen wollen.

Selbst ein angeblich fortschrittlicher Papst wie Franziskus redet bei gleichgeschlechtlicher Liebe heute immer noch von Sünde. Und es kommt noch schlimmer! Er ist der Meinung, dass man Kinder an denen man homosexuelle Veranlagungen bemerkt noch umerziehen kann. Weiß er überhaupt, welche Verbrechen an Kindern er damit befürwortet. Wie verblendet muss man denn sein, um auch nur an so etwas Irrsinniges zu denken. Das hat mich so traurig gemacht. Dieses Wort „Sünde" ist auch so ein Wort, welches die Kirche erfunden hat. Sünde ist eines der größten Unworte der Weltgeschichte. Schafft es endlich ab. Der Papst vertritt die Meinung, nur Mann und Frau seien eine Familie nach dem Ebenbild Gottes. Was denn: „Hat Gott eine Frau? Wohl nicht. Wieso ist denn gerade die Ehe von Mann und Frau ein Ebenbild Gottes? Wieso überhaupt die Ehe? Wer sagt das denn? Hat Gott es Franziskus persönlich erzählt oder stammt das wieder nur aus fragwürdigen, dafür ausgewählten Schriften, die sich übrigens auch ständig widersprechen? Einerseits ist gleichgeschlechtliche Liebe eine Todsünde, auf der anderen Seite steht unter vielen anderen Beispielen dort:

König David spricht im Buch 2 Samuel 1 zu seinem geliebten Jonathan: „Wunderbarer war deine Liebe für mich als die Liebe der Frauen". Oder um Missverständnisse zu vermeiden, die Wiederholung: 2 Sam 1,26 EU: „Weh ist mir um dich, mein Bruder Jonathan. Du warst mir sehr lieb. Wunderbarer war deine Liebe für mich als die Liebe der Frauen." David hatte übrigens auch acht Hauptfrauen. Komisch, alle durften es, nur die einfachen Menschen wurden sexuell monogam domestiziert.

Oder hatte denn Jesus eine Frau? Nein, der hatte Tag und Nacht viele Jahre lang zwölf Männer um sich. Und sie hatten eine starke soziale Bindung untereinander aufgebaut.

Was haben die mit ihren Lüsten denn da wohl in der Nacht gemacht? Ich weiß es nicht. Aber die Frage ist doch legitim. Die häufigste Antwort, wenn überhaupt, die ich erhielt war, sie waren eben im tiefen Glauben miteinander verbunden. Wieso? Haben sie Jesus gesehen und sofort einen tiefen Glauben zueinander gehabt? Wohl kaum. Das wird sogar in der Bibel anders geschildert. Aber es steht geschrieben, dass Jesus einen Lieblingsjünger, Johannes, hatte. Immer wieder wird in der Bibel über Johannes geschrieben: „Den Jünger, den Jesus liebt….“(I. Joh 13,21-30). Warum tut man das denn? Jesus liebte alle Menschen und seine Jünger besonders. Warum also der eindeutige Verweis auf Johannes?

Der Historiker Morton Smith von der Columbia University hat ein frühes Manuskript des Markusevangeliums ausgewertet. Dort fand er eine Stelle, nach die man in den Bibelausgaben der Kirchen vergeblich sucht: „Der junge Mann kam zu Jesus. Er trug ein Gewand aus Leinen über seinem nackten Leib. Und er verbrachte die Nacht mit Jesus, der ihn in die Geheimnisse des Gottesreiches einweihte.“

Warum hat man das wohl aus der Bibel raus genommen und was hat man noch alles verschwiegen? Denn solche Hinweise ließen sich massenweise aufführen. Im Prinzip wäre es auch gar nichts Besonderes, wenn Jesus und seine Jünger lustvoll zusammen waren, sondern eher ganz natürlich. Jesus stellte in seiner Lehre die Liebe über alles andere. Warum sollte er die wundervolle lustvolle Liebe, die er ja auch selbst als Menschensohn körperlich empfand und für ihn ein Geschenk Gottes sein musste und überall um ihn herum existierte, denn verdammen und nicht voller Dankbarkeit annehmen? Warum sollte er nicht den jungen Mann, der mit einem Gewandt unter dem er nackt war, zu ihm kam und mit dem er die Nacht verbrachte, darin einweihen, so wie es wahrscheinlich im Markusevangelium ursprünglich geschrieben stand?

Wenn es so war, und es gibt ernst zu nehmende Befürworter dafür, dann stimmt an der Sexuallehre der Kirche aber auch gar nichts mehr. Denn dann müssten sich alle Menschen über die lustvolle Liebe, egal ob zwischen Mann und Frau oder zwischen dem gleichen Geschlecht, endlich wieder gleichermaßen freuen können. So wie es die Evolution, die meiner Meinung nach vom universellen Bewusstsein kommt (oder, wie die Kirche sagt, von Gott), schon immer vorgesehen hat. Man sollte es auch unterlassen, mal schnell neue Theorien zu entwickeln, dass Jesus nun doch eine Frau hatte und sogar ein Kind, um die Sexualität wieder ins „rechte Licht" zu rücken. Dieser verzweifelte Versuch ist doch zu offensichtlich und lächerlich.

Selbstverständlich wird bis heute in der katholischen Kirche über die angenommenen tausenden von weltweiten Fällen sexueller Aktivitäten ihrer Vertreter mit minderjährigen Jugendlichen und den lustvollen Aktivitäten erwachsender Kirchenmitglieder untereinader und mit Prostituierten geschwiegen oder ausweichend gesprochen. Denn wenn man es offen ansprechen würde, müsste man ehrlich sagen, warum das so ist.

Manchmal dringen einige wenige Fälle aber auch an die Öffentlichkeit. Im April 2019 wurde ein Fall bekannt und der Wahrheitsgehalt auch von Kirchvertretern bestätigt:

„Callboy im Vatikan packt aus: Er hatte Dutzende Priester als Kunden – ein Netzwerk von schwulen und pädophilen Priestern

Der nächste Sexskandal erschüttert die katholische Kirche. Nicht nur, dass so und so viele Priester, Mönche und auch Nonnen schon wegen Kindesmisshandlung und sexuellem Kindesmissbrauch bestraft wurden, mehrere hochrangige Kardinäle schon verurteilt worden sind

und die Aufdeckungen nicht abreißen – nun hat auch noch ein Callboy ein Buch geschrieben und ausgepackt. Etwa 40 katholische Priester benennt er darin beim Namen. Francesco Mangiacapra hat nur einen Teil der Kunden öffentlich gemacht....

Der 30jährige, homosexuelle Callboy schrieb aber nicht nur das Buch. Er händigte dem Erzbischof von Neapel, Crescenzio Kardinal Sepe, auch Beweismittel aus: 1200 Screenshots von Chatverläufen und sehr intimen Fotos. Dieses Dossier wurde inzwischen an den Vatikan weitergeleitet. Es sind 1233 Seiten voll mit Beweisen, die er in Jahren gesammelt hat. Kardinal Sepe hat gegenüber der Tageszeitung „La Repubblica“ die Echtheit dieser Beweise bestätigt und von „schwerwiegenden Fällen“ gesprochen. Es sollen Sätze in den Chats stehen, wie...“

Quelle:

connectiv.events

Dafür und für viele andere Skandale gibt es nur eine ehrliche Begründung: Die Regeln und Normen des sexuellen Verhaltens der Menschen, die die Kirche seit tausenden von Jahren vertritt, sind so unnatürlich und unmenschlich, dass sich selbst kirchliche Würdenträger nicht daran halten können. Man müsste alle diese Regeln ersatzlos abschaffen.

Das aber würde die Stabilität der Kirche erheblich schwächen, glauben jedenfalls einige mächtige ihrer Vertreter. Bedenkt man aber, dass diese Stabilität auf Lügen und Scheinheiligkeit aufgebaut ist, die sich seit tausenden von Jahren bei ihnen ausgebildet hat, dann wäre es richtig, diesen Fehler zuzugeben und zu korrigieren. Sie könnten so ihre Priester und den überwältigenden Teil ihrer Gläubigen von der „Sünde“ befreien und zu einem glücklichen und erfüllten Leben führen. Warum, um Gottes Willen, tut sich die katholische Kirche damit so schwer? Sie müsste, um glaubwürdig zu sein, endlich anerkennen, dass alle ihre Verbote über die freie sexuelle Entwicklung der

Menschen ein schlimmer Fehler waren. Und sie sollte dabei auch gleich dieses verdammte Wort „Sünde" aus Ihrem Wortschatz streichen. Niemals ist es eine „Sünde", wenn Menschen, egal welchen Geschlechts und Alter, in lustvoller Liebe zusammen sind. Es ist ein „Gottes Geschenk" für alle, und genauso hat Er es für uns eingerichtet.

Wir müssen erkennen, dass die vor ca. 3000 Jahren begonnene Entwicklung von falschen Normen, Vorurteilen und Glaubenssätzen zur sexuellen Entfaltung des Menschen keine positive Weiterentwicklung einer Zivilisation war, sondern eine kurzfristige fatale Fehlentwicklung, die dramatische Folgen mit sich brachte. Das müssen wir ändern!

Der Mensch wird immer ein Teil der Evolution sein, die einer über ihm stehenden Ordnung unterliegt, egal was er tut. Auch unsere sexuellen lustvollen Gefühle unterliegen ihr und wir sollten dankbar dafür sein. Wir müssen das erkennen, endlich wieder frei fühlen dürfen und es für unser glückliches und erfülltes Leben nutzen. Dafür müssen wir in unserer Gesellschaft alle Voraussetzungen schaffen.

Die sexuelle Vielfalt sollte nicht, wie heute üblich, in Subkulturen nebeneinander existieren, die sich im Höchstfall gegenseitig akzeptieren. Nebeneinander Existierendes kann auch schnell wieder verteufelt werden. Deshalb muss es endlich wieder generell in allen Gruppen der Gesellschaft gleichberechtigt integriert werden. Das ist eine wichtige, wenn nicht sogar die wichtigste Seite bei der Weiterentwicklung des Menschen selbst. Es dient der Erweiterung unseres Bewusstseins, der sozialen Entwicklung und der körperlichen evolutionären Entwicklung.

6. Vorurteile und falsche Glaubenssätze ändern

Die sexuelle Entfaltung der Menschen war vor der Entstehung der großen Religionen durch die geschilderte Entwicklung in der Zeit der Neuaufteilung der Welt, durch Eroberungen und absolutistische Machtverhältnisse stark gestört worden. Sex wurde mehr oder weniger nur zur Befriedigung ihrer Triebe eingesetzt. Es fehlte meist der erfüllte soziale Zusammenhalt dabei, der über Jahrtausende die sexuelle Lust trug. Die Menschen trieben es immer häufiger aus reiner Lustbefriedigung. Das erfüllte und befriedigte sie nicht lange. Zwar gab es auch in dieser Zeit romantische und sexuell erfüllte Liebesbeziehungen, aber die waren selten, und bald war die „große Liebe" vorbei, wenn sie denn überhaupt zustande kam. Leider wird das heute in vielen historischen Erzählungen und Filmen sehr verklärt und falsch dargestellt.

Dieser unbefriedigende triebgesteuerte Sex, der nicht mehr im sozialen Zusammenhalt der Menschen integriert war, bereitete den Nährboden für Vorurteile und falsche Glaubenssätze. Damals machte die herrschende Klasse die allmählich entstandenen Religionen, die auf dem Monotheismus basierten, zu ihrem Machtinstrument. Die religiösen Führer wurden in diese Rolle gedrängt und spielten letztendlich mit, um damit ihre Position zu stärken. Dadurch verschlechterten sich die Voraussetzungen für eine freie, glückliche sexuelle Entwicklung der Menschen immer weiter. Die strengen Verbote und Gebote durch die Kirche gewannen stärkeren Einfluss und setzten sich in den Köpfen der Menschen fest. Sie festigten damit Vorurteile und falsche Glaubenssätze, die heute zum Teil noch vorherrschend sind.

Welche der wichtigsten Vorurteile wurden damals von den Religionen geprägt?

Sex kann nur in der Ehe stattfinden, sonst ist er unrein.
Zwar ist Sex vor der Ehe in unseren Breitengraden die
Regel, aber noch heute gibt es nicht wenige Menschen, die
Schuldgefühle haben, wenn sie ihre sexuelle Lust vor der
Ehe hemmungslos ausleben oder die dafür von anderen
verurteilt werden.

Sex basiert auf lebenslanger Treue zu einem Partner. Alles
andere ist zu verurteilen. Noch heute wird Fremdgehen
meistens als unverzeihlich geächtet. Das wird massenhaft
in den Medien, aber vor allem auch in Filmen und Büchern
bis heute sehr emotional und damit wirkungsvoll in die
Köpfe der Menschen gepflanzt.

Sex mit dem gleichen Geschlecht ist unnatürlich und
schmutzig. Trotz Aufklärung und gesetzlicher Gleichheit in
den fortschrittlichen Gesellschaften ist dieses Vorurteil in
Köpfen vieler Menschen noch drin. Zu lange mussten sie
ihre natürliche überall vorherschende Bisexualität
unterdrücken. Das erzeugte heute noch eine große Angst
davor und führte letztendlich zu falschen Überzeugungen
und Gefühlen. Aber es ist trotzdem alles noch in uns und
wartet auf seine Befreiung. Es braucht Zeit, um das wieder
zu normalisieren.

Sexuelle Gedanken jeder Art außerhalb der Ehe sind zu
verurteilen. Das hat sich zwar heute geändert, aber auch
heute noch verdrängen viele Menschen mehr oder weniger
ihre eigenen, eigentlich ganz natürlichen, lustvollen
Gedanken und sexuellen Träume. Verdrängtes kann aber
nicht ausgelebt werden und zur Erfüllung für mehr Glück
und Zufriedenheit führen, sondern ruft Unzufriedenheit
und Frustration hervor.

Häufig gibt es einen nahtlosen Übergang von Vorurteilen
zu Glaubenssätzen. Glaubenssätze richten sich aber oft
auch gegen Sie selbst. Wie Sie sich und Ihre Situation
persönlich einschätzen. Es handelt sich bei Glaubenssätzen

nicht mehr um Schubladendenken, wie bei Vorurteilen, sondern um tiefe, emotionale, generelle Prägungen und Überzeugungen. Um die Welt interpretieren und danach handeln zu können, brauchen wir Glaubenssätze. Für den Aufbau eines glücklichen, sexuell erfüllten Lebens gibt es förderliche und hinderliche Glaubenssätze, die von den jeweiligen sozialen, ideologischen und gesellschaftlichen Bedingungen geprägt werden. Unabhängig davon haben Sie aber auch ihre eigenen sexuellen Träume und Wünsche, die meist durch Ihre derzeitigen Glaubenssätze nicht erfüllt werden können. Diese können Sie in ihre alten Glaubenssätze einfließen lassen oder in Neue umwandeln. Um falsche Glaubenssätze zu ändern gibt es zwei Schwierigkeiten:

I. Sie müssen Ihre falschen Glaubenssätze erst einmal identifizieren, da Sie oft auf Ihr Denken und Fühlen wirken, ohne dass es Ihnen noch bewusst ist, fällt es deshalb schwer, diese überhaupt zu erkennen und sie als falsch zu akzeptieren. Hören Sie auf ihre innersten Gefühle und schalten Sie mal alles andere aus. Ihre Seele ist älter als diese Lehren. Sie kann ihnen in der Sprache der Gefühle die richtige Antwort geben. Die anschließenden Fragen werden dabei helfen.

II. Glaubenssätze sind durch die starke Manifestierung nicht mit Ihrem Verstand zu ändern. Es ist also nicht einfach, da es nicht allein auf dem direkten Weg unseres Denkens nachhaltig geändert werden kann, auch wenn wir es als falsch identifiziert haben. Am besten können Sie diese ändern, wenn Sie vorhandene Glaubenssätze umschreiben und fühlen, dass sie richtig sind. Arbeiten Sie also viel mit Ihren Gefühlen, denn die kommen aus Ihrer Seele und sind richtig.

Einige von Ihnen haben aber vielleicht schon bei dem Wort Sex ein peinlich berührtes Gefühl. Wenn sie zu diesen Menschen gehören, dann sagen sie sich dieses Wort immer wieder im Gedanken oder laut. Sex,Sex;Sex;... Entwickeln sie dabei positive Gefühle. Sex ist ein Geschenk für jeden Menschen, das ihn glücklich werden lässt. Fühlen Sie allmählich dieses Glück, wenn sie immer wieder das Wort sagen. So werden Sie sich von Ihren Blockaden befreien.

Stellen Sie sich danach erst einmal folgende Fragen und beantworten Sie diese ganz für sich alleine. Bei der Beantwortung der Fragen sind Sie völlig ungestört. Keiner hört Ihre Antwort. Sie sind unverbindlich, auch für Sie. Hören Sie deshalb auf Ihre innersten Gefühle und seien Sie ehrlich. Denken Sie nicht darüber nach, sondern lassen Sie alles einfach nur mal raus. Wenn Sie wollen, dann schreiben Sie sich die Antworten auf.
Bin ich zufrieden mit meinem Sexleben?
Wünsche ich mir ein erfüllteres Sexleben?
Lebe ich meine sexuellen Träume und Wünsche aus?
Welche Gedanken halten mich davon ab, sexuell glücklicher zu leben?
Wie würde ich mich fühlen, wenn ich mir meine sexuellen Träume und Wünsche erfülle?
Sind die Gründe, die mich von einem sexuell erfüllten Leben abhalten, wirklich berechtigt?
Schade ich irgendjemanden damit, wenn ich meine sexuellen Träume und Wünsche auslebe?

Falls nötig, entrümpeln Sie jetzt ihre Vorurteile.
Welche Glaubenssätze halten Sie von Ihrer sexuellen Wunscherfüllung ab und welche helfen Ihnen dabei?
Um Ihnen eine Unterstützung zu geben, möchte ich an dieser Stelle einige allgemeine Ansätze solcher

Glaubenssätze aufzählen. Sie können natürlich nur als Beispiele dienen und sind nicht vollständig. Dazu gibt es einfach zu viele und sie sind abhängig von jedem von Ihnen und dem, was Sie erlebt haben und sich wünschen. Ich nenne Ihnen deshalb einige allgemeine Ansätze, die zu hemmenden Glaubenssätzen führen können, die Ihre sexuelle Wuncherfüllung verzögern oder verhindern. Dadurch sehen Sie, wie es funktioniert. Danach können Sie dann auch selbst ganz konkrete Situationen formulieren.

Der erste Glaubenssatz: „Sex ist nicht alles im Leben, es gibt Wichtigeres."

In diesem Glaubenssatz ist schon eine ganze Menge, manchmal schon nicht mehr bewusste Resignation enthalten. Da man kein so prickelndes lustvoll erfülltes Leben hat, setzt man einfach andere Prioritäten und unterdrückt damit seine natürlich lustvolle Seite. Das aber hindert sie mit Sicherheit daran, wirklich glücklich und erfüllt zu leben. Verändern Sie diesen Glaubenssatz:

Veränderter erster Glaubenssatz: „Sex ist nicht alles im Leben, aber ein erfülltes lustvolles Leben macht mich viel glücklicher und deshalb habe ich ein Recht dazu und will es auch so haben."

Mit diesem Glaubenssatz fordern sie ihr Recht auf Glück und das ist das Wichtigste im Leben. Sie wissen und fühlen genau, wie glücklich Sie ein erfülltes lustvolles Leben machen kann.

Der zweite Glaubenssatz: „Wenn ich das tue, dann würden es die anderen nie akzeptieren oder würden mich beschimpfen und brandmarken oder ich würde meine Familie und Freunde verlieren usw."

Leider ist es ja noch so, dass viele Vorurteile haben und der Gedanke „Was würden die andern dazu sagen?" Spielt bei der Verwirklichung der eigen sexuellen Wünsche häufig eine große Rolle. Schließlich befinden sie sich meistens in einem sozial vertrauten Umfeld und wollen darin nicht infrage gestellt werden. Bedenken Sie aber, nicht Sie stellen bei der Erfüllung ihrer sexuellen Glückseligkeit Ihr Umfeld infrage, sondern die anderen würden es tun. Oft glaubt man auch nur, dass andere negativ darauf reagieren und wundert sich dann, dass es nicht so ist. Aber selbst wenn, sollen sie deshalb auf ihr Glück verzichten? Würden es denn die anderen für Sie auch umgekehrt tun? Also ändern Sie diesen Glaubenssatz:

Veränderter zweiter Glaubenssatz: „Ich allein habe die Macht, über mein Glück zu entscheiden, wie jeder andere Mensch, den ich kenne, auch. Keiner hat das Recht, mir etwas vorzuschreiben oder Ratschläge zu geben, denn nur ich weiß, was mich glücklich macht und genau so will ich leben."

In der Regel wird es Ihr soziales Umfeld akzeptieren, wenn Sie selbstbewusst dahinter stehen. Und wenn nicht, dann sind Sie mit Ihren sexuellen Wünschen ganz sicher nicht allein und werden neue Freunde finden. Denn ein vorhandenes soziales Umfeld, das nicht akzeptiert, dass sie einen Weg gehen, auf dem Sie Ihre Erfüllung finden, ist es von vornherein fragwürdig und nicht wert, dass man sich nach ihm richtet. Es ist Ihr Leben. Deshalb leben Sie lieber glücklich und richten Sie Ihr soziales Umfeld auch danach aus.

Der dritte Glaubenssatz: „Das kann ich nicht tun, weil ich einem anderen dann wehtue."

Dieser Glaubenssatz wird häufig angewandt, wenn Sie eine monogame Partnerschaft haben. Entscheidend dabei ist, wie stark Ihre Bindung wirklich ist und wie Ihr Partner zu Ihnen steht. Reden Sie mit ihm oder ihr. Geben Sie ihm/ihr das Buch zu lesen, falls er das noch nicht hat. In der Regel finden Sie einen gemeinsamen Weg zu mehr Glück und Freude oder mehr Toleranz. Seien Sie einfach offen und ehrlich, und wenn Sie Ihren Partner behalten wollen, dann verhalten Sie sich auch ihm/ihr gegenüber so. Sagen Sie es und zeigen Sie es ihm/ihr. Oft wird so die Beziehung zu zweit auch wieder glücklicher. Ändern sie den Glaubenssatz.

Veränderter dritten Glaubenssatz: „Ich will niemandem wehtun, aber ich habe auch das Recht lustvoll glücklich zu sein. Dafür werde ich immer eine Lösung mit meinem Partner zusammen finden müssen."

Wichtig dabei ist das Gespräch in gegenseitigem Respekt und Ehrlichkeit. Vielleicht hat ja auch ihr Partner Träume und Wünsche, von denen Sie noch nichts wissen, und Sie finden einen gemeinsamen Weg, der zu Ihnen beiden passt. Vielleicht testen Sie es aber auch erst gemeinsam aus und finden so einen lustvollen, für Sie erfüllten Weg. Entweder für Sie beide zusammen oder jeder für sich. Es kann auch in einer vorher monogamen Partnerschaft zu nie geahnten Höhenflügen führen. Seien Sie mutig und stehen Sie zu Ihren Wünschen. Es ist Ihr Leben und Ihr Glück, worüber Sie entscheiden.

Der vierte Glaubenssatz: „Das kann ich nicht tun. Das ist doch nicht normal."

Wenn es Ihre Wünsche und Träume zu einem sexuell erfüllten Leben sind, dann ist es natürlich und normal. Das müssen Sie erkennen und akzeptieren. Wenn Sie niemandem dabei schaden, können Sie Ihrer Lust freien Lauf lassen. Keiner hat dann das Recht, darüber zu urteilen. Auch wenn sie nur neugierig darauf sind, dann testen sie es einfach. Experimentieren Sie nach Herzenslust, solange es sie glücklich macht. Manchmal muss man seinen eigenen Weg erst finden. Ädern sie diesen Glaubenssatz.

Veränderter vierter Glaubenssatz: „Ich kann meine sexuelle Lust ausleben, wie ich will und sooft ich will. Ich kann mich testen und meinen eigenen Weg finden. Das ist natürlich und ganz normal."

Solange Sie niemand dabei schaden und sich auch selbst nicht schaden, ist der Weg für ein hemmungsloses lustvolles Leben für Sie frei. Finden Sie Ihre Erfüllung und Ihren Weg darin. Das wird Ihr ganzes Lebensglück sehr positiv beeinflussen.

Der fünfte Glaubenssatz: „Ich finde keinen, der zu mir passt, um mir meine sexuellen Wünsche zu erfüllen. Oder mich will keiner."

Dieser Glaubenssatz basiert häufig auf Enttäuschungen, die man erlebt hat. Vielleicht hängen Sie auch noch an einer vergangenen Beziehung und vergleichen sie mit den neuen Möglichkeiten, die Ihnen dann nicht gut genug sind. Auch Ablehnungen schwächen das Selbstwertgefühl und es verlässt einen der Mut, einfach weiter zu suchen. Manchmal sind es aber auch unbewusste Vorurteile, die eine Gelegenheit nicht erkennen lassen oder Sie lehnen es von vorneherein ab, obwohl Sie vielleicht sehr glücklich damit gewesen wären. Konzentrieren Sie sich deshalb nur auf Ihre Wünsche und Ihr Glück.

Veränderter fünfter Glaubenssatz: Jeder findet mehr als nur einen Partner, um richtig lustvoll glücklich zu sein. Ich werde mich öffnen und ganz sicher die Richtigen finden und dann bin ich bereit dafür, es endlich hemmungslos zu tun.

Auf dieser Basis können Sie weitere Glaubenssätze identifizieren und ändern, die Sie von einem erfüllten und glücklichen Leben abhalten.

7. Lust statt Frust

In der gesamten Entwicklung der Menschheit war das lustvolle Zusammensein ein natürlicher und wichtiger Bestandteil des Lebens. Es wurde frei und in der längsten Zeit seit der Existenz des Menschen öffentlich ausgelebt. Und auch die Kinder waren die ganze Zeit dabei und sahen es als etwas Natürliches. So wurden von Anfang an ihre Glaubenssätze von einem freien sexuellen Leben geprägt und es führte sie übergangslos und ohne Probleme lustvoll in das geschlechtsreife Erwachsenenalter ein.

Wie sieht es heute mit dem Ausleben unserer Lust aus? Möglichkeiten gibt es viele. Sind sie aber wirklich gut und tragen zu einem erfüllten und glücklichen Leben bei? Ist www.fremdgehen.de eine wirkliche Alternative, um unsere sexuellen Triebe, auch außerhalb der Ehe, auszuleben? Oder leben wir einfach in einem falschen Lebenskonzept?

Sex war schon von Beginn der evolutionären Entwicklung des Menschen nicht mehr allein auf Lustbefriedigung ausgerichtet, sondern hatte einen qualitativ neuen Sinn. Es wirkte sich auch auf das soziale Zusammenleben der Menschen aus. Desto häufiger wir heute unpersönlichen oder persönlichen Sex nur noch zur Befriedigung unserer Lüste ausleben, umso mehr entfernen wir uns davon. Wir berauben uns damit eines der wichtigsten Möglichkeit als soziales Wesen ein erfülltes und glückliches Leben zu führen.

7.1 Ist die Ehe heute ein Lustkiller?

Betrachten wir erst einmal die Ehe. Sie entstand in unserer heutigen Form mit den Religionen und wird auch weiterhin als das Fundament einer Gesellschaft von der Politik bezeichnet. Die Ehe ist in unserer Gesellschaft „gut" geregelt und es ist für viele immer noch schwer, sich diesen Regeln zu entziehen. Hinzu kommen die eigenen Glaubenssätze, die sich mit der Zeit fest in unseren Köpfen manifestiert haben. Eine Ehe soll für ein ganzes Leben geschlossen werden und setzt in der Regel eine monogame Beziehung voraus. Erst vor kurzem wurde das etwas aufgeweicht. Vor 70 Jahren hieß es: „Was Gott zusammen geführt hat, das soll der Mensch nicht scheiden." Und das war ein Dogma.

Aber die Ehe funktionierte nicht mehr so, wie man es wollte. Sicherlich war es ja auch nicht Gott, der zwei Menschen in einer lebenslangen Ehe zusammen geführt hat, sondern die Kirche. Besonders nach den sechziger Jahren des vorigen Jahrhunderts, wo die sexuelle Aufklärung begann und die Frauen sich von der dominierenden Herrschaft der Männer allmählich befreiten, kam es zu unüberhörbaren Protesten gegen dieses Dogma. Deshalb wurden dann Scheidungen auch seitens der katholischen Kirche zugelassen, die nun immer häufiger nach ein paar Jahren vollzogen werden.

Um es deutlich zu sagen:
Natürlich können verliebte Menschen heute miteinander eine Ehe eingehen. Sie wollen damit anderen zeigen, dass sie sich lieben und zusammengehörig fühlen. Darüber kann auch ich mich freuen. Es ist wunderbar, die Liebe zwischen zwei Menschen so zu feiern. Es ist ein schöner Brauch. Aber es sollte eben nicht mehr als ein Brauch sein, und

nicht, wie heute, immer noch das einzige gesellschaftlich geförderte Konzept des Zusammenlebens. Es sollte also rechtlich nicht so stark fundamentiert werden. So dass bei einer späteren eventuellen Änderung des Lebenskonzeptes zwischen den beiden Menschen keine großen Hürden zu überwinden sind. Dabei zweifele ich aber nicht generell an, dass es eine lebenslange Beziehung zwischen zwei Menschen geben kann. Das aber muss nicht auch noch von der Gesellschaft festgeschrieben werden. Andere Lebenskonzepte sollten mit Anerkennung durch die Gesellschaft auch rechtlich gleichberechtigt daneben existieren können. Es muss ein unkomplizierter Wechsel zwischen den Lebenskonzepten möglich sein.

Das Durchschnittsalter bei Eheschließungen stieg bei Frauen und Männern in Deutschland. Lag es bei Frauen 1991 bei 26,1 Jahren, so war es 2016 schon 31,5 Jahre. Bei Männern stieg es zum gleichen Zeitpunkt von 28,5 auf 34 Jahre. Das kann ebenfalls ein Indiz dafür sein, das sich zumindest junge Menschen nicht so schnell binden wollen. Sie wollen ihre sexuelle Freiheit auszuleben. Letztendlich sehen viele aber die Ehe dann doch noch als einzige Alternative. Staatlich gefördert können sie so in einem festen sozialen Verhältnis leben und eine Familie gründen. Was in vielen Fällen danach passiert, zeigt uns die Statistik auch.

Die Scheidung der Ehen in Deutschland liegt zurzeit bei ca. 38 %. Ich kann in meiner Arbeit selbst keine gesicherten Statistiken aufstellen, dazu konnte ich zu wenig Menschen befragen, die in einer Ehe lebten und mit denen ich vertrauensvoll gesprochen habe. Die wenigen Menschen mit denen ich gesprochen habe, bestätigten mir aber im realen Leben ausnahmslos, dass sie nach 4 bis 8 Jahren in der Ehe keinen Sex mehr hatten oder nur noch sehr selten. Davon blieb aber knapp die Hälfte trotzdem monogam, verzichteten also ganz auf ein erfülltes Sexleben. 30 %, die außerehelichen Sex hatten, sind damit aber nicht glücklich, 10% fühlten sich wenigstens befriedigt, ohne unglücklich zu sein, und nur 10 % sind damit vollauf zufrieden. Das heißt nach meinen Erfahrungen, dass 10 % der Menschen in unserem Land, die in einer Ehe seit mehr als acht Jahren leben, zurzeit ein erfülltes Sexleben haben, aber nicht mit ihrem Partner. Das zeugt nicht gerade davon, dass die Ehe für das Glück vieler Menschen ein Erfolgskonzept ist.

Hinzu kommt aber noch, dass es immer mehr Singlehaushalte gibt, die die Ehe von vorneherein ablehnen. Besonders in den Großstädten. In Berlin sind zurzeit 54,3 % der Haushalte Singlehaushalte. Aber auch in Deutschland insgesamt sind es 40 %. Davon sind immerhin 44 % jünger als 45 Jahre. Auch wenn bei jungen Menschen ein Singlehaushalt nicht ausschließt, dass er oder sie in einer festen Bindung ist, so können sie meist ihre sexuelle Lust mit mehreren Partner oder Zufallsbekanntschaften freier ausleben. Auch die Hinwendung zur Selbstbefriedigung mithilfe des Telefons oder Internets sowie Filmen und Geräten spielen dabei eine immer größer werdende Rolle.

Egal, wie man als Single lebt, wirklich feste soziale Bindungen bauen sie in den meisten Fällen nicht auf. Sie sind entweder von vorherein oberflächlich und unzuverlässig oder lösen sich schnell wieder. Eine sexuelle erfüllte Lusterfüllung dient dabei nicht dem Aufbau eines starken sozialen Zusammenhalts in einer Gruppe. Singleleben führt aus meinen Erfahrungen mit Klienten auf Dauer zu mehr Einsamkeit, trotz eines oft sehr häufigen und abwechslungsreichen sexuellen Lebens und manchmal zur Spleenigkeit. Es ist ein Notausgang von der Ehe, aber der führt meist nur in eine Sackgasse.

Die Entwicklung zeigt weiterhin, dass es immer mehr Jugendliche gibt, meist junge Männer, die einfach in ihrer

Familie hängen bleiben. Sie lehnen die Ehe ab und halten auch nicht viel vom Singleleben. Was ja instinktiv erst einmal richtig ist. Aber einfach in der Familie zu bleiben, bringt ihnen auf Dauer auch kein glückliches und sexuell erfülltes Leben. Im Gegenteil: Jung wie Alt werden aus vielerlei natürlichen Gründen auf so engem Raum und mit so engen sozialen Bindungen immer unzufriedener. Wobei wiederum eine Mehrgenerationsfamilie etwas sehr Positives sein kann.

Diese Entwicklung zeigt überdeutlich, dass Alternativen geschaffen werden müssen. Im Denken der Menschen, in der Gesellschaft, der Schaffung neuer gesellschaftlicher Bedingungen und in der Wiederaufnahme eines sexuellen vielfältigen Lebens.

Dazu aber erst einmal die Fragen:

Ist die Ehe auf Dauer also ein Sexkiller und vereitelt dadurch ein glückliches und erfülltes Leben? JA.

Können Ehepaare dagegen etwas tun? JA.

In unserer heutigen Zeit werden wir immer noch maßgeblich durch die Institution der Ehe zu einem monogamen Leben, organisatorisch, moralisch und grundsätzlich gedrängt. Diese Art der sexuellen Entfaltung des Menschen entspricht nicht seiner Natur. Es bringt sie aber häufig in Schwierigkeiten und führt zu unnötigen Schuldgefühlen. Die volle sexuelle Erfüllung der meisten Menschen kann auf diese Art und Weise nicht erfolgen. Das schmälert das Lebensgefühl und engt ein erfülltes Leben ein.

Mit der Erfindung der Medien, beginnend mit dem Buchdruck, gab es immer mehr Möglichkeiten, die Menschen in ein monogames Leben zu führen. Es entstanden die ersten Liebesgeschichten. Tiefe Liebe, die unangreifbar schön war und selbstverständlich eine lebenslange Treue voraussetzte. „Und wenn sie nicht gestorben sind, dann leben sie noch heute." Liebesgeschichten, Liebesdramen und Liebestragödien, die eines gemeinsam hatten: die uneingeschränkte Treue oder die Verteufelung der Untreue. Sie verzaubern auch heute noch die Menschen und das fängt schon in der Kindheit an. Wenn man also von diesen Geschichten von allen Seiten immer und immer wieder hört und liest, dann weckt es Bedürfnisse, auch wenn sie unrealistisch sind oder nicht der eigenen Natur entsprechen.

Die Werbespezialisten wissen davon. Besonders wirkungsvoll sind sie, wenn sie emotional gebunden sind. So wird ihnen auch die dauerhafte monogame Ehe schmackhaft gemacht. Es ist eine Gehirnwäsche globalen Ausmaßes und die meisten machen oft unbewusst mit. Das führt aber spätestens dann zur Verzweiflung und Frustration, wenn sie nach einigen Versuchen feststellen müssen, dass es ihnen im realen Leben nicht gelingt, so eine dauerhafte schöne Beziehung aufzubauen. Viele suchen die Fehler dann bei sich. Das ist falsch! Eine andere Möglichkeit, vielleicht genau so gute oder bessere, wird ihnen ja nicht aufgezeigt. Also sind sie enttäuscht vom Leben.

Das ist tragisch, denn das Leben kann noch viel schöner sein, als es in diesen Filmen oder Büchern beschreiben wird. Man muss es nur wissen und davon erfahren. Da es aber nun einmal die Ehe ist, die die herrschende Ideologie will, wird man ihnen das liebevolle, erfüllte und glückliche Leben in einer Gruppe nicht zeigen. Wenn sie nämlich von Kindheit an von solchen Geschichten immer und überall gehört hätten und nicht von den monogamen, meist ausschließlich heterosexuellen Liebesbeziehungen, würden sie heute auch eine andere Einstellung und andere Wünsche haben und ihrer Natur entsprechend ein glückliches und sexuell erfülltes Leben führen können.

Da Liebe und Sex in einer Paarbeziehung in diesen Geschichten aber immer eine untrennbare Einheit bilden, glaubt man dann auch, dass es ein unverzeihlicher Vertrauensbruch ist, wenn der Partner mit jemand anderem Sex hatte. Mit so einer Ideologie werden wir schon von Kindheit an ständig berieselt. Es prägt Glaubenssätze und schafft verdrehte Ideale, die dann zu Liebeskummer, Eifersucht und zu tausendfachen Tragödien führen. So viele schöne Verbindungen sind deshalb oft schmerzhaft auseinandergegangen. Aber Liebe ist immer selbstlos und darf nicht fordernd oder besitzergreifend sein. Genau das tun sie, wenn sie Treue beim Sex verlangen. Auch Menschen können sich in mehrere Menschen verlieben. Die Liebe ist das tragende Gefühl der Schöpfung und bezieht sich nicht immer nur auf einen Menschen, auch in der sexuellen Erfüllung nicht. Und so haben sie hunderttausende von Jahren glücklich in Gruppen oder Großfamilien gelebt. Das ist ihre Natur und sehr vorteilhaft für ihre Entwicklung gewesen und wäre es auch heute noch.

Treue kann sehr schön sein, wenn man verliebt ist, aber sie ist in den allermeisten Fällen nicht dauerhaft. Man kann sich höchstens selbst zur Treue zwingen oder dazu moralisch gezwungen werden, was aber nicht glücklich macht. Im tiefsten Inneren fühlt das jeder Mensch, wenn er nicht gerade frisch verliebt ist. Und wenn zwei Menschen frisch verliebt sind, dann sollten sie auch monogam leben, so lange es beide wollen, aber ohne zu klammern oder Besitzansprüche an den anderen zu haben. Aber die von vielen Seiten, besonders von den Medien, proklamierte „ewiger Liebe" und Treue zweier Menschen, lässt viele daran glauben, dass es einfach immer so sein muss, und schaffte so Eifersucht und schmerzlichen Liebeskummer.

Gefühle, die es vorher nie gab und die jährlich unter anderem vielen Menschen das Leben kostet.

Natürlich können sich aber Menschen auch ewig lieben. Auch in einer polygamen oder bisexuellen Beziehung kann die Beziehung zwischen zwei Menschen stark und glücklich bleiben, muss sie aber nicht unbedingt. So sollte einem Partner auch nicht sexuelle Freiheit gewährt werden unter der Bedingung, dass er bei ihm bleibt. Man kann niemandem etwas gewähren, über das man gar nicht verfügt. Jeder ist frei in seiner sexuellen und sozialen Entfaltung. Die einzige soziale Bindung und Verantwortung, die ein Mensch hat, sind die Kinder, die er bekommt oder zeugt. Und das kann sehr unterschiedlich zum Wohle aller gestaltet werden.

Aber auch hier wurde der Mensch besonders wieder durch die Medien falsch beeinflusst. In vielen Filmen werden Dramen gezeigt, wo die Kinder leiden, weil sich Mutti und Vati trennen.

Zum einen werden Sie nur wieder einmal ideologisch berieselt, denn in der wirklichen Welt ist das meistens nicht so und es werden gute Möglichkeiten gefunden, unter denen die Kinder nicht leiden. Wenn es Probleme dabei gibt, dann liegt es oft nicht an der Scheidung selbst, sondern an der Art und Weise und dem Vorspiel, bis es dazu kommt. Und das liegt wieder an unseren Vorurteilen und Glaubenssätze, die wir mit unserem Verhalten verkörpern. Zum anderen zeigt es nur deutlich, dass sich die Ehe als Lebensprinzip auch in dieser Beziehung als untauglich erweist. Leben Kinder zum Beispiel von vornherein in einer größeren Gruppe oder Großfamilie, wird es solche Probleme nicht geben.

7.2. Alternative Lebenskonzepte

Vor allem hat es uns die Hippie-Bewegung in den sechziger Jahren des vorigen Jahrhunderts vorgemacht. Das Gefühl von Frieden und freier Liebe haben sie ausgelebt. Sie liebten sich und lebten ihre sexuelle Lust miteinander aus und das geschlechterunspezifisch. Es zählte nur die Liebe und die Glückseligkeit in der sexuellen Ekstase, die sie zu zweit oder zu mehreren mit dem anderen oder gleichen Geschlecht erlebten. Dieses Konzept entsprach endlich wieder der menschlichen Natur und sie fühlten sich befreit von Zwängen und Schuldgefühlen, wie sie ansonsten in der christlichen Gesellschaft, aus der sie kamen, üblich waren.

Aber auch in der antiautoritären Kindererziehung, ohne Gewalt und Schläge waren sie Vorreiter. Die Kinder wuchsen in einer größeren sozialen Gruppe auf und wurden von ihnen bis zum Erwachsenenalter gemeinsam begleitet. Kinder haben das Bedürfnis, ihre Welt zu entdecken und zu verstehen, um letztendlich ihren eigenen Platz darin zu finden. Auch lustvolle Zärtlichkeit war für sie etwas ganz Natürliches, das vor ihnen nicht versteckt wurde. In ihrer Gruppe wurde es vor ihren Augen frei ausgelebt. Man muss dabei bedenken, dass zu dieser Zeit außerhalb der Gemeinschaft selbst das Küssen in der Öffentlichkeit verboten war. Als Kinder konnten sie ihren eigenen Lustgefühlen nach ihren Bedürfnissen und ihrem Willen nachgehen und sie erforschen. So wuchsen sie übergangs- und problemlos in ein sexuell glückliches Leben hinein, das sie frei entfalten konnten.

Sie hatten viele Fragen. In einer Gruppe haben sie die Möglichkeit, ihre Welt besser zu verstehen, da sie mehrere Ansprechpartner hatten. Auch erlebten sie Konfliktlösungen in der Gemeinschaft mit und wurden davon nicht ausgeschlossen. Das schaffte Vertrauen. Sie lernten dabei und sprachen ihre eigenen Probleme und Konflikte gegenüber den Älteren gleichberechtigt und offen an. Sie hatten in so einer Gruppe auch wesentlich vielfältigere Orientierungsmöglichkeiten, um ihre eigenen Veranlagungen, Fähigkeiten und Talente zu entwickeln. Und durch die antiautoritäre Erziehung hatten sie die Freiheit dazu das auszutesten. Sie konnten Dinge, die sie interessierten, ausprobieren, mehr eigene Erfahrungen sammeln und wurden zu nichts gedrängt. Viele Vorurteile haben sie dadurch erst gar nicht eingepflanzt bekommen, da sie auch durch die Medien nicht manipuliert wurden, denn Fernsehen, Kino und Nachrichten gab es nicht.

Durch diese antiautoritäre Kindererziehung unterstützte diese Bewegung maßgeblich das damals eingeführte Verbot von Schlägen in der Schule und der Gewalt in der Familie. Denn vorher durften, in vielen Ländern der Erde, Eltern ihre Kinder verprügeln, so wie sie es für richtig hielten und Lehrer ihre Schüler schlagen. Die pädagogischen Lehren änderten sich daraufhin, soweit es damals die Bedingungen in einer Gesellschaft, in der die monogame Ehe, mit ihren überholten, teilweise verlogenen Moralvorstellungen, herrschte, zuließen.

Die Hippis zu dieser Zeit ein völlig neues Konzept und es wurden auch Fehler gemacht. Sie hätten durch Erfahrungen die Zeit gebraucht, um zu lernen, und sie hätten die Chance haben müssen, optimale Bedingungen dafür schaffen zu können. Die bekamen sie aber nicht. Im Gegenteil, sie wurden von Anfang an als Aussteiger der Gesellschaft abgestempelt. Man setzte sie immer stärker unter Druck und bekämpfte sie, wo es nur ging. Es entsprach nicht der herrschenden Ideologie. So scheiterte letztendlich dieser Versuch, bessere soziale Beziehungen für ein glücklicheres und erfülltes Leben zu schaffen. Die

Voraussetzungen dafür waren aber wesentlich schlechter als heute.

Trotzdem vermittelten sie den Menschen nachhaltig ein Lebensgefühl, nach welchem sich die meisten insgeheim sehnten. Ihre wunderbare Musik, die weltweit gefeiert wurde, trug dieses Lebensgefühl in die Herzen der Menschen. Besonders bei der Jugend. Es war der Aufbruch in die so genannte sexuelle Revolution. Über Sex wurde seit langer Zeit wieder öffentlich gesprochen. Die Menschen sprachen über ihre Probleme und Wünsche. Sie wollten freier sein und ihre Wünsche ausleben können. Die Normen verschoben sich und sie gewannen eine gewisse Freiheit. Besonders positiv gestaltete sich das für die Frauen, die vorher mehr oder weniger rechtlos, auch im Bereich ihrer sexuellen Erfüllung, waren.

Allerdings möchte ich von einer „Revolution" nicht sprechen, denn die alten Grundregeln von lebenslanger Ehe, Heterosexualität und Monogamie blieben im Wesentlichen erhalten, auch wenn sie aufgeweicht wurden. Über eine neue Form des Zusammenlebens zur vollen Entfaltung der Liebe und der sexuellen Erfüllung wurde nicht nachgedacht. Da waren die meisten Menschen immer noch in ihren alten Vorurteilen und Glaubenssätzen gefangen.

Die Kinder wurden weiterhin von Sex und den Konflikten, die sich in einer monogamen Ehe auftaten, ausgeschlossen, obwohl sie es bemerkten. Für sie prägte sich so der feste Glaubenssatz, dass man darüber nicht spricht. Also taten sie es dann auch nicht mit ihren Eltern, als sie selbst ins erwachsene Alter kamen. Da halfen dann spätere Angebote an sie: „Du kannst mit mir über alles reden" nicht mehr. Und das ist heute noch so.

Was sind also heute die Alternativen, wenn Sie zurzeit in einer unerfüllten Ehe leben?

Im Durchschnitt denkt jeder erwachsene Mensch im Alter von 20 bis 50 Jahren 15 Mal am Tag an Sex. Große Unterschiede zwischen den Geschlechtern gibt es dabei nicht, wie neuste Untersuchungen ergeben haben. Sex kann man heute überall bekommen. Internet sei Dank. Zwar ist psychologisch oder körperlich gesehen spontaner, anonymer Sex sehr reizvoll, da er aber immer mit Gefühlen verbunden ist, die sich auf diese Art nicht entwickeln können, bleibt er auf Dauer unbefriedigend. Auch bei häufig wechselndem Sex ist das so und führt zum Schluss zur Frustration und Einsamkeit.

Auch in einer Ehe hat der Mensch ein Zusammengehörigkeitsgefühl. Das ist ihm so wichtig, dass er oft später auf ein sexuell erfülltes Leben verzichtet und bei seinem vertrauten Partner bleibt. Aber der Mensch ist von Natur aus nicht monogam und hat dauerhaft lustvolle Wünsche, die er befriedigen will. Und genau das ist das Problem in einer monogamen Ehe zu zweit und führt zu Unzufriedenheit und zu Streit. Ich kenne eine Menge von Ehen, wo sich die Partner laufend angiften und streiten, sich aber trotzdem nicht trennen, weil sie Angst davor haben, allein zu sein. Sie bilden sich dann ein, dass sie ja doch noch an ihrem Partner hängen, obwohl er sie meistens nur noch nervt. Was ist das aber für ein Leben? Fallbeispiele habe ich aus meiner praktischen Arbeit davon mehr als genug. Aber die sind einfach nur traurig und uninteressant. Deshalb möchte ich sie hier nicht beschreiben.

Also auch in dieser Hinsicht ist die Ehe, wie sie heute existiert, keine Lösung. Ja, sie ist noch nicht einmal nur überholt. Sondern sie war von Anfang an der falsche Weg zum glücklichen Leben. Sie entstand aus der Not heraus. Später wurden die Menschen von der Kirche dazu gezwungen. Die daraus entwickelten Glaubenssätze können wir nicht einfach bei allen Menschen von heute auf morgen ändern. Hinzu kommen noch die gesellschaftlichen Bedingungen, die die Ehe immer noch als die wichtigste Form des Zusammenlebens sieht und fördert. Das lässt einen schnellen Wandel schon gar nicht zu. Wir brauchen neue Lebensformen, die auch von der Gesellschaft getragen und unterstützt werden, so wie die Ehe heute. Also, was gibt es zurzeit für Alternativen?

Aus der Evolution und den persönlichen Erfahrungen in den Gesprächen ist ein sexuell erfülltes Leben aber immer im Kontext mit dem sozialen Aspekt zu sehen. Anonymer oder schneller sozial ungebundener Sex ist da nicht der Weg. Sie könnten aber zum Beispiel in der Ehe Ihr Sexleben offener gestalten und sich die richtigen Partner dafür suchen. Tun Sie es aber miteinander frei und offen. Grenzen Sie Ihren Partner damit nicht aus. Das führt meistens zu Problemen.

Leider finden Sie unter den derzeitigen Bedingungen da kaum Paare und Einzelpersonen aus Ihrem unmittelbaren sozialen Umfeld, obwohl das der beste Weg wäre. Sie können sich aber zum Beispiel einen Swinger Club suchen. Auch Ehepaare im mittleren Alter um die Fünfzig besuchen diese und haben dort Spaß. Swinger Clubs gibt es selbst für bisexuelle Paare. Gehen Sie dort hin und lernen Sie gleichgesinnte Leute kennen, die Sie dann öfter dort treffen. Das hat den Vorteil, dass Sie nicht gleich fremde Menschen in Ihren Privatbereich lassen müssen, um sie kennenzulernen. Bauen Sie idealerweise erst einmal eine freundschaftliche und soziale Beziehung auf und leben Sie erst nach dem dritten oder vierten Treffen Ihre lustvolle Seite gemeinsam aus.

<u>Prolog</u>

Die monogame, lebenslange Ehe führt in den allermeisten Fällen nicht zu einem sexuell erfüllten und dauerhaft glücklichen Leben. Ich persönlich kenne nicht einen Fall. Sie kann nur durch ein tolerantes Zusammenleben der Paare etwas verbessert werden. Um tatsächlich wieder die freie sexuelle Entfaltung zu erreichen, sind aber auch neue Formen des Zusammenlebens erforderlich. Eine Form wäre das Leben in Gruppen oder „Großfamilien" mit mehreren Männern und Frauen.

Das kann neben der sexuellen Entfaltung noch viele andere Vorteile haben:

Alle könnten ihre polygame und bisexuelle Seite frei ausleben. Jeder sollte es aber völlig frei nach seinen Gefühlen und Wünschen tun können. Auch eine zeitlich unbegrenzte monogame Zweierbeziehung sollte darin Platz finden. Wer schon mal verliebt war, weiß auch, dass es eine wunderschöne Zeit sein kann.

Ein Gruppenleben würde nicht nur zur freien sexuellen Entwicklung führen, sondern den heute vorherrschenden anonymen Sex außerhalb der Ehe allmählich ablösen.

Der Platz für Besitzansprüche auf einen anderen oder Eifersucht wäre nur sehr klein. Im Idealfall würde es ihn gar nicht gegeben. Besonders in bisexuellen Beziehungen in der Gruppe funktioniert das meistens gut.

Eine Gruppe besteht immer aus mehreren Menschen, die sich untereinander besser und vielfältiger ergänzen und unterstützen können.

In einer Gruppe behält jeder seine Individualität, da keiner sich auf das Zusammenleben mit nur einer Person einrichten muss. So kann er als individuelle Persönlichkeit mit seinen Fähigkeiten, Talenten und Interessen sich in die ganze Gruppe einbringen und meistens mehr Anerkennung darin finden. Das stärkt das Selbstbewusstsein und die Zufriedenheit.

Die Arbeitsteilung in der Gruppe kann besser nach Interessen und Fertigkeiten erfolgen. So wird die Arbeit darin mehr Spaß bereiten und auch dort erfolgreicher sein, wovon alle etwas haben.

Kinder in der Gruppe haben alle als Ansprechpartner. Das ist ein riesiger Vorteil für ihre Entwicklung. Ihre vielen Fragen werden schneller und besser beantwortet und sie können sich ihre Vorbilder öfter in der Gruppe suchen. Eventuell negative, unkontrollierte Einflüsse von außen sind geringer. Sie werden selbstbewusster und reden offener über ihre Gefühle und Probleme. So können sie in das Erwachsenenalter wesentlich problemfreier hineinwachsen und sich optimal entwickeln.

Kinder wachsen in einer Gruppe auf, die ein sexuell freies Leben führt. Auch sie werden so ihre Lust frei entwickeln und ohne Blockaden und Heimlichkeiten ganz natürlich in ein geschlechtsreifes Alter hineinwachsen.

Eine Gruppe entwickelt für sich und die Kinder, die darin aufwachsen, eine Gruppendynamik, die sich auf alle positiv auswirkt.

Sicherlich werden einige jetzt sagen: „Das gab es ja alles schon mal und ist gescheitert." Tatsächlich gab es das in den siebziger und achtziger Jahren des vorigen Jahrhunderts. Diese Bewegungen gingen von der Jugend aus. In dieser Zeit gab es noch nie so viele Jugendliche, bezogen auf den Bevölkerungsanteil. Sie kamen aus dem Babyboom der Nachkriegszeit. Es war eine Generation, die keinen Krieg kannte und sich so mit ihren Wünschen und Bedürfnissen auseinandersetzen konnte wie keinen andere zuvor. Sie wollten nicht die alten verstaubten Normen ihrer Eltern übernehmen. Sie wollten anders leben.

So entstanden Kommunen, die auch sexuell freier lebten. Das Motiv war meist Protest gegen die bestehende Ordnung. Es fehlte der innere Antrieb, es wirklich besser machen zu wollen und damit diese Lebensform zu entwickeln und wachsen zu lassen. Zum anderen gab es in dieser Zeit noch sehr massive Gegenwehr aus vielen Richtungen der Gesellschaft. Es war ein mutiger Anfang, aber da gab es damals viele andere wichtige Themen, die durch massiven Protest und Druck durchgesetzt werden mussten: wie die Einführung der Pille, die Abtreibung, die Aufhebung des Gesetzes über das Verbot der Homosexualität und vieles mehr. So scheiterte dieses Lebenskonzept zu dieser Zeit. Aber war es deshalb wirklich falsch? Heute können diese oder andere soziale Lebenskonzepte entstehen, da die Voraussetzungen wesentlich besser sind. Sie können entstehen aus dem Wissen heraus, dass die bestehenden Formen des Zusammenlebens bei den meisten nicht funktionieren oder nicht zur Weiterentwicklung und zu einem erfüllten Leben führen. Es sind nicht einfach andere Konzepte, sondern bessere, die sich heute entwickeln lassen. Es muss auch nicht allein nur diese von mir vorgeschlagene Gruppe sein. Obwohl ich sie zurzeit für gut halte.

Ich hatte mal eine Diskussion in einer Gruppe, wo es darum ging, ob nicht zwei Männer und eine Frau oder zwei Frauen und ein Mann oder zwei Männer und zwei Frauen und so weiter „heiraten" können, um gemeinsam eine Großfamilie zu gründen. Das mit einem Mann und mehreren Frauen gibt es ja heute noch und in einigen wenigen Gegenden auch mit einer Frau und mehreren Männern.

In diesen gedanklichen Vorschlägen sind noch die gesetzliche Verbindlichkeit und wohl auch der Schutz für so eine Familie wichtig gewesen. Auch das wäre natürlich eine Alternative, wenn über die Verteilung der Geschlechter und deren sexuellen Orientierung frei entschieden werden kann. Vielleicht auch noch andere Mitglieder später bei Bedarf und Wunsch dazu kommen können. Das hätte den Vorteil, dass auch schon bestehende Ehen ihren Vertrag mit mehreren modifizieren könnten. Entscheidend bei allem dabei ist, wie weit und schnell wir uns von unseren Vorurteilen und festsitzenden Glaubenssätzen befreien und wie schnell die Gesellschaft darauf reagiert und die Bedingungen dafür schafft. Es wäre, bei allem, was uns die Evolution bisher gelehrt hat, ein enormer Fortschritt bei der Entwicklung des menschlichen Lebens, indem es noch ungeahnte Potenziale frei legen kann.

8. Die Lustgefühle der Kinder

Um es gleich am Anfang klar und deutlich auszudrücken: Es geht um lustvolle Gefühle, nicht um sexuelle, denn die haben Kinder nicht.
Kinder wurden hunderttausende von Jahren von den Gefühlen der sexuellen Lust der erwachsenen Mitglieder einer Gemeinschaft nicht ausgeschlossen. Meistens waren sie bei dem lustvollen ekstatischen Zusammensein dabei und sahen zu. Spielerisch erforschten sie dann das Gesehene in ihrer Unschuld untereinander und stellten Fragen. Für sie war das alles überhaupt nichts Besonderes und gehörte zum Leben ganz normal dazu. Gerne wurde ihnen alles erklärt und gezeigt, damit sie im geschlechtsreifen Alter diese wunderbare Möglichkeit in vollem Maße nutzen konnten. Auch Kinder spüren lustvolle Gefühle, die sie in ihrer Gruppe ganz natürlich ausleben konnten. So wuchsen sie glücklich und frei in das geschlechtsreife Alter hinein.
Ganz sicher müssen hier auch kulturelle Unterschiede berücksichtig werden.
Die Idee von Pädophilie, wie wir sie heute kennen, ist ebenfalls ein Resultat der Verbote, die erst vor zweitausend Jahren entstanden. Der natürliche Entwicklungsprozess der Kinder wurde dadurch erheblich eingeschränkt. Das hatte Folgen für sie und den Erwachsenen. Um die neuen Regeln einhalten zu können, wurden den Kindern lustvolle Aktivitäten verboten und als falsch und schlecht definiert.
Aus meiner Sicht wurden sie dadurch missbraucht, indem man ihnen die natürliche Entwicklung ihrer Lustempfindungen vorenthielt. Das führte mit der Zeit zu falschen Glaubenssätzen. Diese Glaubenssätze gaben sie dann von Generation zu Generation weiter und sie festigten sich immer stärker. Lustvolle Zuneigung zu zeigen

war nur für Erwachsene erlaubt. Die natürlichen lustvollen kindlichen Gefühle galten als schlecht. Für Erwachsene war es seitdem ebenfalls verwerflich, wenn sie diese Zärtlichkeiten, die nicht sexueller Natur waren, mit Kindern teilten. Das wurde verboten und wurde hart bestraft. Die Kinder wurden durch diesen Zärtlichkeitsentzug beim Eintritt ihrer Geschlechtsreife ängstlich und unsicher. Es fehlte ihnen der natürliche nahtlose Übergang ihrer sexuellen Entwicklung.

Diese neue, der Natur widersprechende Art, mit lustvollen Gefühlen umzugehen, erzeugte Spannungen und Desorientierungen, die dann zu Fehlentwicklungen führten. So entstand die Pädophilie, wie wir sie heute kennen.

Kinder werden sexuell verführt und zur Geheimhaltung gezwungen oder erpresst. Da sie ja selbst lustvolle Gefühle dabei haben, wird ihnen eine Schuld eingeredet. Das schadet ihnen seelisch. Oft aber werden sie heute auch gegen ihren Willen körperlich missbraucht. Es entstand ein regelrechtes Geschäft mit Kindersex. Die Kinderpornografie und Prostitution sind nur eine Folge davon. Die eigentliche Ursache dieser Entwicklung liegt aber 2000 Jahre zurück.

Trotz all dieser Fehlentwicklungen sind Kinder voller Liebe und auch voller lustvoller Empfindungen, die sie sehr glücklich machen. Haben Sie keine Angst davor, sondern geben Sie ihnen diese Zuneigung. Geben Sie ihren Kindern den Körperkontakt und die Streicheleinheiten. Lassen Sie auch die hingebungsvollen und lustvoll gefühlten Umarmungen ihrer Kinder zu, so oft sie es wollen. Es kann nie zu viel sein. Das ist auf jeden Fall etwas sehr Schönes und hat absolut nichts mit Pädophilie zu tun.

Zu einem Gespräch dazu kam ein junger Mann zu mir. Er war 25 Jahre alt. Er erzählte mir, dass er einen Neffen habe, mit dem er ein sehr herzliches Verhältnis hatte. Dieser Junge war elf Jahre alt. Einmal hatte er sich wieder mal an ihn gehangen. Er wollte schmusen und gestreichelt werden. Das tat der junge Mann dann auch, wie so oft. Mit der Zeit bemerkte er, dass sich bei dem Jungen etwas bewegte. Es war sein Penis, der steif wurde. Nun wusste er nicht mehr, was er machen sollte, denn der Junge hatte sich noch fester an ihn gedrückt. So streichelte er ihn am Rücken und flüsterte: „Es ist alles gut." Damit wollte er ihn beruhigen. Aber das veranlasste seinen Neffen nun erst recht, seine lustvollen Gefühle raus zu lassen, und er bekam seinen ersten Orgasmus. Schnell sagte ihm sein Onkel, er solle sich eine andere Hose anziehen, denn diese hatte einen großen Fleck. Danach sprach er mit ihm, dass er jetzt körperlich geschlechtsreif war und etwas mehr aufpassen muss, damit das nicht wieder passiert.

Allerdings sei er jetzt sehr verwirrt, erzählte er mir. Hätte er anders handeln müssen, damit das erst gar nicht passiert? Und wie sollte er sich in Zukunft verhalten? Sollte er es seiner Schwester erzählen?

Ich sah ihn strahlend an und sagte freundlich: „Ich gratuliere ihnen. Sie habe das Glück gehabt, mit zu erleben, wie ihr Neffe zum Mann wurde." Er schaute mich verwirrt an. Dann sprach ich weiter: „Sie haben nichts falsch gemacht. Sie haben es ja nicht gewollt und ihr Neffe war sicherlich ebenfalls sehr überrascht. Der erste Orgasmus kann sich unkontrolliert und plötzlich ereignen. Nur zum Schluss hätten Sie ihm gegenüber mehr Freude zeigen können über dieses doch wichtige und schöne Ereignis. Erzählen Sie es ihrer Schwester, genauso wie es sich zugetragen hat und feiern sie anschließend mit ihrem Neffen und ihrer Schwester ein kleines Fest zu seiner Geschlechtsreife. Geben Sie ihm das Gefühl, dass ab jetzt etwas Schönes und Großartiges auf ihn wartet und Sie sich mit ihm freuen. Machen Sie ihn stolz darauf."

Schon bevor Ihre Kinder geschlechtsreif werden, werden sie Ihnen viele Fragen dazu stellen. Reden Sie offen und ehrlich mit ihnen darüber. Auch spielerisch werden sie mit anderen Kindern diese Seite an sich erforschen und Sie sollten ihnen diese Freiheit lassen und unterstützen. Lassen Sie es zu und freuen Sie sich über die Neugier Ihres Kindes, so wie Sie es ja auch bei anderen Gelegenheiten tun. Reden Sie mit ihnen, wenn es passiert oder passiert ist, voller Verständnis darüber. Das ist ein ganz natürlicher Prozess. So werden sie zu selbstbewussten und glücklichen Menschen, mit einer unbelasteten Entwicklung ihrer sexuellen Lust wird ihr Leben schöner und erfüllter werden. Eine Klientin kam zu mir und erzählte ganz aufgelöst:

„Ich habe eine neunjährige Tochter. Sie ist sehr lebhaft und sehr gut in der Schule. Nun bin ich vor einigen Tagen in ihr Zimmer gekommen und sie lag auf dem Bett. Rechts und links saßen zwei Jungen aus ihrer Klasse. Sie hatte keinen Schlüpfer an und der eine Junge hatte seine Hand an ihrer Muschi und spielte daran, während der andere zusah. Ich war total schockiert, blieb aber ruhig und fragte: „Was macht ihr da?" Die Jungen hörten sofort auf damit. Meine Tochter aber antwortete: „Mutti, das ist schön, wenn er daran spielt." Ich forderte sie auf, den Schlüpfer wieder anzuziehen, und den Jungs sagte ich, sie sollten gehen.

Ich wusste in dem Moment nicht, was ich sagen sollte, lief aus dem Zimmer, um erst einmal wieder ruhiger zu werden. Etwas später fragte ich sie, ob sie sowas schon öfter getan hat. Sie erzählte mir, dass sie es bisher nur mit Maik, ihrem besten Schulfreund getan hat. Heute brachte er aber seinen Freund mit, der so etwas noch nicht gesehen hatte. Er sollte es sich auch mal ansehen. Dann sagte ich ihr, dass sie sowas nicht mehr tun soll. Sie fragte mich: „ Warum nicht?" „Weil man sowas nicht tut", antwortete ich. Danach war sie ruhig. Ich merkte aber, dass sie mit dieser Antwort nicht zufrieden war und befürchte, sie wird es weiter machen. Was kann ich dagegen tun?"

Ich erklärte ihr, dass es erst einmal völlig normal und natürlich sei, wenn Kinder spielerisch ihre Sexualität und vor allem auch ihre Unterschiede erforschen. Auch sie haben schon Lustgefühle und sind neugierig darauf. Dazu gehört auch anfassen und sich anfassen lassen. Das kann ihnen untereinander auch viel Freude bereiten. Es ist also erst einmal nichts, worüber sie sich Sorgen machen musste. Erklären Sie ihrer Tochter, dass sie Neugier und Lust verspürt, was sehr schön ist und dass diese Lust noch viel schöner wird, wenn sie geschlechtsreif ist. Darauf kann sie sich freuen. Sie verstehen, dass sie neugierig darauf ist.

Sagen Sie ihr aber, dass diese Erlebnisse mit der Lust etwas sehr persönliches und intimes sind. Diese wunderbaren Gefühle teilt man nur mit Menschen, die man wirklich gern hat. Sie sollte es also nicht mit jemandem tun, nur weil jemand neugierig darauf ist oder weil es ihr einfach nur gefällt. Sie soll also Maik sagen, dass er deshalb keinen Freund mehr mitbringen soll. Das wäre zu oberflächlich für diese schöne Sache. Das wird sie verstehen. Geben Sie keine dramatischen oder moralischen Kommentare oder Verbote von sich. Das wird sie nicht verstehen. Und wenn sie also wieder allein mit ihrem besten Freund im Zimmer lernt oder spielt, schauen Sie nicht ständig rein, um zu sehen, was sie tun."

Unterdrückte und oft unverstandene Lustgefühle in der Kindheit greifen auch manchmal in das Erwachsenenalter über, führen später zu Fehlinterpretation und seelischen Störungen, manchmal zur Pädophilie.

Ein anderer Klient kam zu mir und erzählte:

„Ich habe eine Freundin, die ein siebenjähriges Mädchen hat. Diese Kleine ist sehr anhänglich und will immer schmusen. Das tut sie manchmal so leidenschaftlich, dass es mich sehr erregt. Ich habe sie auch schon einmal ganz beiläufig beim Streicheln intim berührt, und es schien ihr zu gefallen." Er fragte mich, wie weit er gehen kann. Schon diese Frage machte mich stutzig. Deshalb fragte ich ihn, ob er schon öfter bei Kindern diese Erregung gefühlt hat, und er bestätigte es mir. Er antwortete, dass er sehr oft an kleine Mädchen denke und manchmal auch an Jungen. Er habe schon als Kind gerne Doktorspiele mit beiden Geschlechtern gespielt. Als er dann geschlechtsreif wurde, hatte er Kontakt zu einem neunjährigen Jungen, der ihn manchmal besuchte und ihn gern mit der Hand und dem Mund befriedigte. Und obwohl es der Junge selbst wollte, wurde er beschimpft und bestraft, als ihn seine Mutter dabei erwischte. Danach hat er es dann nicht mehr getan. Aber die Erinnerung daran erregte ihn weiter und er entwickelte immer weitere Phantasien. „Ich spürte ja, dass es dem Jungen auch sehr gefiel. Er kam ja auch dann immer von alleine zu mir."

Nun sagte ich ihm: „Wenn Sie pädophil sind, sollten Sie es nicht darauf ankommen lassen, auch wenn es Ihnen und dem Kind am Anfang sehr gefällt. Auch Kinder können Lust verspüren und sind neugierig darauf, das ist ganz normal. Der Junge hat gespürt, welche Freude es Ihnen macht und das gefiel ihm, aber er selbst hatte diese starken Gefühle nicht. Natürlich fand er es interessant und schön und Sie hatten gerade diese sexuelle Lust in sich entdeckt und fanden es auch sehr schön. Sie hätten deshalb nicht ausgeschimpft und bestraft werden sollen, aber jetzt sind Sie in einer anderen Situation. Vielleicht sagen Sie sich: Es muss ja nicht mehr daraus werden als herzliche Umarmungen und Streicheleinheiten. Aber es wird nicht dabei bleiben, denn Sie sind jetzt ein erwachsener Mann und haben starke weiterführende Phantasien. Ihre sexuelle Lust wird Sie dazu bringen, immer weiter zu gehen. Denken sie einmal daran, wie sich jetzt schon Ihre Phantasien zu diesem Kind entwickelt haben. Sie werden nicht mehr registrieren können, ob es dem Kind noch gefällt oder nicht. Auch wenn das Kind dann nicht protestiert, wird es durch Ihr Tun überfordert sein. Es wird später, gerade auch durch die gesellschaftliche Bewertung, sich selber Vorwürfe machen und große Probleme in seinem Sozialverhalten bekommen. Ich kenne aus meiner Arbeit mit Jugendlichen nicht einen Fall, wo es nicht so war. Wenn sie also das Kind lieben, dann können Sie ihr das nicht antun. Wenn Sie es trotzdem tun, dann ist es egoistische Lustbefriedigung. Sie nehmen dabei in Kauf, dem Kind seelischen Schaden zuzufügen. Und das ist eine Straftat, auch wenn Sie selbst nur ein Opfer der geschichtlichen Entwicklung sind. Falls Sie das nicht alleine schaffen, müssen Sie sich Hilfe holen und sich von ihrer Freundin trennen, damit Sie keinen Kontakt mehr zu dem Mädchen haben."

Kinder haben lustvolle Gefühle, wenn sie umarmt und gestreichelt werden. Desto älter sie werden, umso stärker sind diese. Das ist ganz natürlich und schön. Ich wurde schon öfter auch von Eltern gefragt, wo denn die Grenzen sind: Was kann man zulassen und was nicht? Ich habe das so beantwortet:

Es sind in der Regel nicht die körperlichen Grenzen, die zu beachten sind. Die Grenze beginnt dort, wo sexuelle Erregung bei dem Erwachsenen aufkommt und sich der Gedanke zu weiterführenden sexuellen Handlungen breitmacht. Dem Kind sollte man es nicht untersagen. Nur wenn man merkt, dass es immer stärker wird, sollte man es nicht unbedingt mit weiteren intensiven Streicheleinheiten dazu anstacheln. Aber deshalb auch nicht ganz aufhören, denn dann wird es sich wahrscheinlich dafür schämen und das soll es auf keinen Fall. Zeigen Sie also nicht eine plötzliche Zurückhaltung oder gar Ablehnung. Auch nicht, wenn Sie vielleicht merken, dass es Sie selbst schon leicht erregt. Das ist eine ganz natürlich Reaktion. Als Erwachsener können Sie aber in der Regel damit umgehen, ohne dass es zu tatsächlichen sexuellen Handlungen führt. Wenn es Ihnen aber zu viel wird, dann beenden Sie behutsam und langsam diese Zärtlichkeiten in dieser Situation mit liebevoller Freundlichkeit. Passiert das öfter und Sie empfinden es dann als unangenehm, stellen Sie fest, wo und wann Ihr Kind besonders lustvoll reagiert. Lenken Sie es davon ab oder vermeiden Sie es, ohne dass es von ihm bemerkt wird. Sollte Ihr Kind aber trotzdem nicht davon ablassen, dann sagen Sie es ihm freundlich, dass Ihnen das nicht gefällt. In dieser Situation lernen die Kinder selbst, „nein" zu sagen, wenn es ihm einmal genauso ergeht. **Die Lust der Kinder verfolgt nicht das Ziel einer sexuellen Befriedigung und sie sind überfordert, wenn es ein andere tut. Es kann deshalb nicht mit der Sexualität von Erwachsenen verglichen werden. Wenn Sie das verstehen, dann können Sie auch gut damit umgehen.**

Ihr Kind hat so viele wunderbare Eigenschaften, die Ihnen Freude bereiten. Viele davon haben aber nur Kinder. Eine davon ist ihre lustvolle und völlig unschuldige Hingabe. Freuen Sie sich darüber und zeigen Sie dies. Es wäre falsch, diese wunderbare Seite Ihres Kindes auszugrenzen. Wenn Sie das aber tun, wird es das spüren, nicht verstehen und falsch interpretieren. Das wird ihm für immer im Gedächtnis bleiben. Später wird Ihr Kind Ihnen in diesem Bereich nie mehr voll vertrauen. Es wird ein Geheimnis daraus machen und, schlimmstenfalls, das Gefühl haben, nicht liebenswert zu sein. Ich kenne einige Erwachsene, besonders Frauen, die dann damit große Probleme in ihren Beziehungen hatten, weil sie dieses Gefühl, nicht geliebt zu werden, die sie als Kind empfanden, auch als Erwachsene nicht mehr loswurden und sehr darunter litten.

<u>Epilog</u>

Kinder wurden wahrscheinlich zu allen Zeiten und in vielen Kulturen in unterschiedliche sexuelle Handlungen einbezogen, zumal sie ebenfalls lustvolle Gefühle haben, ja manchmal selbst in ihrer Unschuld aus Neugier die Initiatoren dafür waren. Sie streben dabei aber nie eine sexuelle Befriedigung an.

Aus Erlebnisberichten durch Klienten in meiner Praxis, gab es bei freiwilligen, von ihnen als Kindern selbst gewollten, intimen Kontakten mit geschlechtsreifen Jugendlichen und Erwachsenen keine anschließenden psychischen Probleme, solange sie dann nicht zu mehr gezwungen wurden, als sie selbst wollten. Im Gegenteil, es waren aufregende, lustvolle Erfahrungen für sie. Probleme gab es nur dann, wenn sich außenstehende Erwachsene eingemischt und daraus etwas Schlechtes gemacht haben.

Etwas anderes war es, wenn sie nicht von sich aus die Initiative ergriffen hatten, sondern dazu verführt wurden. Auch wenn sie am Anfang noch lustvolle Gefühle dabei hatten, wurde es ihnen dann langsam zu viel, aber es hörte ja nicht auf. Dann fühlten sie sich überfordert und fanden es unangenehm. Passierte es mit jemandem, an den sie sich stark emotional gebunden fühlten, dann machten sie zwar mit, manchmal auch immer wieder, aber es schadete ihrem natürlichen Lustempfinden und damit auch ihrer späteren sexuellen Entwicklung. Meistens trat das erst viele Jahre später zu Tage. Ich habe da einige Frauen und Männer mit erheblichen sexuellen und sozialen Problemen kennengelernt.

Ein noch größerer Schaden entsteht, wenn sie das mit Fremden oder nur wenig an sie sozial gebundenen Menschen erleben. Da spielte auch höchstens nur anfängliche Neugier und nicht die lustvolle Hingabe eine Rolle. Manchmal ist es aber auch nur rohe Gewalt, die auch innerhalb der Familie vorkommen kann. Häufig bemerkt man das an dem Kind, zumindest dass etwas mit ihm nicht stimmt. Meistens werden Kinder in diesem Fall auch körperlich schmerzvoll missbraucht. Das ist dann ein traumatisches Erlebnis, das professionell von einem geeigneten Psychologen behandelt werden muss.

Sexueller Missbrauch kann großen Schaden anrichten und die Familie und die Gesellschaft müssen Kinder davor schützen. Letztendlich, wenn dem Kind Gewalt angetan wird, muss es dazu Gesetze geben. Egal, ob es Gewalt in sexueller, körperlicher oder seelischer Natur war. Man sollte aber unterscheiden, ob es sich wirklich um Missbrauch handelt oder ob es nur ein lustvolles natürliches Entdecken mit einen älteren Jugendlichen war. Was für ein Kind spannend und schön ist, auch wenn es sexueller Natur sein könnte, wird von außenstehenden Erwachsenen oft anders gesehen. Nimmt man seinem Kind diese Möglichkeiten und macht aus einer für ihn harmlosen und lustvollen Entdeckungsreise vielleicht sogar noch ein öffentliches Problem, in dem man andere da hineinzieht, es polizeilich dazu befragt wird, dann kann das spürbare negative Spätfolgen haben.

Auch davon kenne ich einige Fälle. Oft sind es dann Schuldgefühle, weil auch später noch der junge Mann oder die Frau wissen, dass sie es wollten und es schön war, aber dann auf einmal schlecht sein sollte. Auch wenn man ihnen keinen Vorwurf machte und sie als Opfer behandelt wurden, fühlten sie sich trotzdem schuldig, eigentlich noch schuldiger, weil jemand ungerecht dafür bestraft wurde. Das konnten sie nicht verarbeiten und kamen dann Jahre später voller Zweifel und Schuldgefühlen in die Therapie.

Auch so etwas sollten sie Ihrem Kind nicht antun. Manchmal sind Ihre persönlichen Eindrücke nicht das, was Ihr Kind dabei fühlt. Achten Sie mehr darauf, wie es eigentlich wirklich dazu kam und was Ihr Kind darüber denkt und fühlt.

Umgekehrt haben Kinder natürlich noch sehr viel Fantasie und erzählen darüber, die können auch sexueller Natur sein. Oft trauen Erwachsene ihnen so viel Fantasie nicht zu und denken, das muss wahr sein. Prüfen sie auch da den Wahrheitsgehalt erst einmal, bevor sie etwas in Bewegung setzen. Tun Sie es nicht und aus der kindlichen harmlosen Fantasie wird dann aus Angst eine Lüge, kann sich das ebenfalls auf die Entwicklung Ihres Kindes sehr negativ auswirken.

Insbesondere können auch geschlechtsreife Jugendliche mit falschen Behauptungen damit mehr Aufmerksamkeit und Fürsorge von den Eltern erreichen wollen oder andere Ziele verfolgen. Hinterfragen sie es immer, wenn so etwas behauptet wird. In diesem Alter wissen die Kinder meistens schon alles und vielleicht mehr als Sie selbst. In Gruppengesprächen mit dieser Altersgruppe habe ich das mehr als einmal bemerkt. Wenn Sie einer Lüge glauben und dem nachgehen, kann auch das verheerende Folgen für die zukünftige sexuelle Entwicklung Ihres Kindes haben. Und dem betroffenen unschuldigen Erwachsenen ruinieren Sie damit sein ganzes Leben. Auch da kenne ich Fälle aus meiner praktischen Arbeit.

Fazit:
Achten sie genauer auf Ihr Kind, wie es sich verhält. Nicht immer stimmt der erste Eindruck als Erwachsener über eine Situation, die Sie vorfinden, mit dem Erleben Ihres Kindes überein. Achten Sie darauf, was Ihr Kind fühlt, und machen Sie das zum Maßstab Ihres Verhaltens und Handelns.

Freuen sie sich über die Lustgefühle Ihres Kindes und schrecken Sie davor nicht zurück. Seien Sie weiterhin zärtlich und liebevoll zu ihm.

Kindliche Spiele zur Entdeckung Ihrer Gefühle und Sexualität sind ganz natürlich und so sollten Sie auch damit umgehen, wenn Sie das beobachten. Reden Sie mit Ihrem Kind ganz normal darüber, wenn es das will.

Verstecken Sie Ihre eigenen Zärtlichkeiten mit Ihrem Partner nicht vor Ihrem Kind. Fühlen Sie sich nicht ertappt, wenn es plötzlich hereinkommt, während Sie gerade Zärtlichkeiten austauschen. Das merkt es sofort und empfängt falsche Signale.

9. Die sexuelle Unterdrückung geschlechtsreifer Jugendlicher

Noch dramatischer ist, was die sexuelle Einschränkung für die pubertäre Entwicklung der Jugendlichen bedeutete. Wurden sie mit der Geschlechtsreife früher als vollwertiges Mitglied in den Kreis der Erwachsenen aufgenommen, werden sie jetzt weiterhin als Kinder betrachtet. Es wurde ein legales Alter festgelegt, ab dem sie als sexuelle Wesen ernst genommen werden. Davor ist es für sie selbst und andere verboten, lustvolle Handlungen durchzuführen. Das ist für alle ein für uns kaum noch nachvollziehbarer, großer Einschnitt. Es ist gegen alle Gesetze der Natur. Dadurch wird die wunderbare sexuelle Entwicklung der Jugendlichen dramatisch unterdrückt. Das hatte Folgen.

9.1 Das Verhältnis von Jugendlichen und Eltern während ihrer sexuellen Entwicklung

Besonders haben jugendliche große Probleme, ihre sexuelle Lust auszuleben. In den Schulen werden sie aufgeklärt, aber aus dem sexuellen Leben werden sie ausgeschlossen. Zwar sind sie schon mit 11 bis 13 Jahren geschlechtsreif, werden aber weiterhin als Kinder behandelt. Derzeit erst, per Gesetz, mit 16 Jahren als gleichberechtigte sexuelle Wesen wahrgenommen. In der schönsten Zeit ihres Lebens, die in der Entdeckung und Entwicklung ihrer sexuellen Lust liegt, tun sie es meist nur heimlich und werden häufig gemaßregelt oder bestraft, wenn man sie bei ihrer neugierigen und aufregenden Selbstfindung erwischt.
Da entsteht Frust und Verzweiflung. Es ist kein Wunder, dass daraus Ablehnung gegenüber den so genannten Erwachsenen, Aggressivität, reichlicher Alkohol- und

Drogenkonsum entsteht. Hier ist ein gründlicher Umdenkungsprozess dringend notwendig. Unsere Vorfahren haben es uns gezeigt und die Religionen haben uns von diesem richtigen und natürlichen Prozess fortgeführt, mit dramatischen Folgen, auch bei der glücklichen Entwicklung unseres heranwachsenden Kindes.

Deshalb: Nachdem Sie die Geschlechtsreife ihres Kindes gebührend gefeiert haben, reden sie mit ihm über die vielen Möglichkeiten, diese wunderbaren Gefühle zu erleben. Erklären Sie ihm die lustvollen Stellen an ihrem nun erwachsenen Körper und verschweigen sie nichts. Tun Sie das mit Jungen, die ihren ersten Samenausfluss hatten, und mit Mädchen, die ihre erste Periode hatten. Machen Sie sie stolz darauf. Nehmen Sie ihr Kind zu diesem Zeitpunkt in der Familie in den Kreis der Erwachsenen auf, egal was die Gesetze sagen. Es hat von nun an ein größeres Mitspracherecht und mehr freie Entscheidungen, aber dadurch auch mehr Verantwortung und Aufgaben. Denn genau an dieser Stelle ist es der richtige Zeitpunkt, so wie es schon immer war. Ihr Kind wird so zu einem selbstbewussten, glücklichen Menschen heranwachsen und ab diesem Zeitpunkt auch mehr Verantwortung für sein eigenes Handeln übernehmen.

Legen Sie sich, bei den Erklärungen zur sexuellen Lust, nicht auf ein Geschlecht fest. Sagen Sie also einem Jungen nicht: „Wenn du mal eine Freundin hast…" oder einem Mädchen: „Wenn du mal einen Freund hast…", falls Sie danach gefragt werden, sagen Sie Ihrem Kind, dass es selbst ausprobieren kann, was es möchte. Damit nehmen Sie ihm gleich sämtliche unbegründeten Ängste. Wenn Sie es ihnen schwer fällt offen mit Ihrem Kind zu reden, geben Sie ihm Bücher, in denen die sexuelle Liebe zwischen Männern und Frauen sowie die gleichgeschlechtliche Sexualität behandelt wird. Wenn es danach darüber reden möchte, dann reden sie mit ihm darüber. Lassen Sie es ihm/Ihr selbst entscheiden, was es alles ausprobieren möchte.

Wenn Sie Ihrem Kind so begegnen, dann wird es sich auch schneller Partner suchen, mit dem es das erleben kann. Es wird so, ohne Angst und frei, seine Sexualität kennenlernen wollen und voller Freude ausleben. Das prägt positiv sein Sexualleben und es hat die Chance, damit ein erfülltes und glückliches Leben zu führen. Dabei ist es aber in unserer heutigen Zeit notwendig, auf die Verhütung und auf die gesundheitlichen Risiken hinzuweisen.

Tun sie es aber nicht bedrohlich und machen sie ihm damit keine Angst, sondern erklären sie Ihrem Kind, wie man diese Risiken vermeidet. Helfen sie ihm auch dabei auf eine positive Weise. Zum Beispiel könnten Sie mit einem Jungen zusammen Kondome einkaufen. Gehen Sie danach noch mit ihm an einen Ort, den er mag. Zum Beispiel zu McDonalds oder ins Kino. Machen Sie daraus mit ihm gemeinsam einen besonderen und schönen Tag.

Achten Sie darauf, dass Ihr Kind die ersten Erfahrungen am besten in seinem vertrauten sozialen Freundeskreis macht. Das Alter und das Geschlecht spielen dabei keine Rolle, wichtig ist nur, dass es in diesen Kreis schon eine vertraute, emotionale positive Verbindung hat. Sie erkennen, ob ihr Kind dabei glücklich ist. Wenn ja, dann zeigen Sie, dass Sie sich darüber freuen. Halten Sie auf keinen Fall hinter dem Berg, wenn Sie nach Ihren eigenen sexuellen Erfahrungen gefragt werden. Aber warten Sie, bis Sie danach gefragt werden.

Die Zuneigung von Erwachsenen zu Jugendlichen nennt man Hebephilie. Auch das wird in unserer Gesellschaft immer noch unter Strafe gestellt. Ich halte diese Gesetze für überholt. Der Schutz vor sexueller Belästigung, Nötigung und Vergewaltigung, das für alle gilt, reicht meiner Meinung nach aus. Jeder sollte mit jedem lustvoll zusammen sein dürfen, wenn es beide wollen. Das Alter oder der Altersunterschied spielt meiner Meinung und Erfahrungen mit Klienten nach dabei keine Rolle. Immer schon zeigen Berichte aus der Geschichte, dass junge geschlechtsreife Menschen von Älteren gerne gelernt haben. Das war für beide eine sehr lehrreiche und lustvolle Zeit, nicht nur in sexueller Hinsicht.

Es gab und gibt in einigen Regionen Sippen, wo junge geschlechtsreife Frauen von älteren Frauen in der körperlichen Liebe und dem weiblichen Orgasmus ausgebildet werden. Es gab und gibt auch Stämme, wo jungen Männern vom Medizinmann gezeigt wird, wie sie zu einer besonders starken orgastischen Ekstase kommen und ihre Manneskraft stärken. Aber auch Schulen zwischen Mann und Frau, von jungen und älteren Partnern sind häufig in der Geschichte anzutreffen. Diese Berichte ziehen sich fast lückenlos bis in die Neuzeit und es sind sicherlich nur einige wenige, die entdeckt wurden. Das Lernen von Älteren hat also schon seit über einer Million Jahren Tradition natürlich auch was die Sexualität betrifft. Jeder geschlechtsreife Jugendliche sollte also selber darüber entscheiden können. Überlassen Sie es einfach Ihrem Kind und sehen Sie, ob es glücklich dabei ist.

Einige werden vielleicht einwenden, dass ja der Jugendliche in jungen Jahren noch keine Erfahrung hat und deshalb leicht verführt werden kann. Aber in diesem Alter wird Ihr Kind weiter in seinem gewohnten Freundes- und Bekanntenkreis bleiben. Und wenn Sie mit ihm über alles wie mit einem Erwachenden reden, dann ist die Wahrscheinlichkeit umso kleiner, dass es gegen sein eigenes Interesse von einem Fremden verführt wird. Ich meine aber damit, dass Sie wirklich offen miteinander reden und nicht einfach vor Gefahren warnen. Das hat keine

Wirkung. „Ich habe sie oder ihn doch immer schon davor gewarnt" habe ich schon oft von Eltern gehört, die das auf diese Weise versucht haben, und es hat nicht funktioniert.

Wenn Sie Ihrem Kind bei seiner Geschlechtsreife so begegnen, wie ich es beschrieben habe, wird es selbstbewusst genug sein und sich nicht auf etwas Fragwürdiges einlassen. Es kann höchstens sein, dass es ihm danach nicht gefallen hat, was es getestet hat. Aber auch diese Erfahrung haben wir ja alle schon gemacht und hoffentlich daraus gelernt.

Lassen Sie Ihr Kind erwachsen werden und helfen Sie nur, wenn Sie merken, dass es allein nicht mehr weiter weiß. Und das wird Ihnen ein selbstbewusster Jugendlicher, mit dem Sie schon immer über dieses Thema offen und ehrlich gesprochen haben und der schon seit der Kindheit Vertrauen zu Ihnen hat, auch in den meisten Fällen von selbst erzählen.

In diesem Zusammenhang hatte ich ein amüsantes Erlebnis.

Ich war mit einigen Jungen aus sozial benachteiligten Familien, die Lern- und Verhaltensprobleme hatten, für eigene Tage in einem Feriencamp. Sie waren zwischen 14 und 18 Jahren alt. In so einer Umgebung konnte ich sehr gut mit ihnen arbeiten. Wir wohnten zusammen in einem großen Bungalow. Eines Tages begab ich mich in unser Bad und sah dort einen Jungen, der gerade mit seinem erigierten Penis beschäftigt war. Ich sagte schnell, aber freundlich: „Entschuldige, aber du musst schon abschließen, wenn du hier mal alleine sein willst", und wollte wieder raus gehen. Er drehte sich zu mir, stand mitten im Raum mit seiner Erektion und fragte mich, ob ich nicht etwas weiß, was er machen kann, damit er größer wird. Ich ging zu ihm, stellte mich hin und schaute an ihm prüfend runter und sagte: „Der ist doch schon ziemlich groß." Worauf er antwortete:

„Aber die Mädchen wollen einen Größeren". Sie hatten sich wohl einige Bilder von erwachsenden Männern angeschaut und von den großen Gliedern an ihnen geschwärmt. Nun war der Junge von seinem etwas enttäuscht. Ich sah ihm in die Augen und sagte: „He, für dein Alter ist der schon sehr groß. Der wächst doch noch bis zu deinem 25. Lebensjahr von allein. Das wird bestimmt mal ein mächtiges Gerät." Sofort strahlte er mich an und sagte erleichtert: „Na dann ist es ja gut."

Dann lief ich wieder und sagte beim Gehen: „Weiter machen, aber schließ die Tür vorher ab."

Mit diesem Jungen hatte ich danach noch viele offene Gespräche. Er kam von allein zu mir und sprach unter anderem auch über seine sexuellen Wünsche, Träume und Nöte. Wir sprachen über alles. So konnte ich ihm viele Tipps und Ratschläge geben. Durch die Unterhaltungen mit ihm, die er natürlich prompt den anderen erzählte, kamen dann auch Fragen von anderen Jungs in Gruppengesprächen zu diesem Thema. Ich hatte ihnen glaubhaft erklärt, dass es etwas ganz Natürliches und Normales ist. So gewannen sie Vertrauen und suchten das Gespräch mit mir. Man merkte richtig, wie froh sie waren, endlich auch einmal mit einem Erwachsenen darüber reden zu können, was sie mir auch manchmal bestätigten.

Es zeigte sich, dass in dieser Gruppe fast alle schon vor ihrer Geschlechtsreife lustvolle Erfahrungen mit Älteren hatten, meist mit anderen Jungen aber auch mit Mädchen. Ihre Erfahrungen bezogen sich vom Zusehen bei der Masturbation, über Sich-aneinander-Reiben, Anfassen und bis zu oralen Aktivitäten. Alle fanden das aufregend und interessant. Auf meine Frage, ob sie auch darüber mit ihren Eltern gesprochen haben, waren sie sehr erstaunt. Natürlich haben sie es nicht getan. Das würde riesigen Ärger bedeuten.

Ein Junge wurde von seiner Mutter mit einem älteren Jungen erwischt, als er gerade dabei war, neugierig Neues zu entdecken. Sofort wurde ihm der Umgang mit ihm verboten. Ein offenes Gespräch mit seiner Mutter gab es darüber nicht. Er fühlte sich schuldig. Die Mutter sprach auch mit den Eltern des anderen geschlechtsreifen Jungen darüber, der bestraft wurde. So war eine ganz natürliche, lustvolle und interessante Spielerei für beide Jungs zu einem Drama geworden, was natürlich beide zukünftig in ihrer Einstellung mit Sicherheit negativ beeinflusste.

Der Grund, warum heute die meisten Jugendlichen nicht mit ihren Eltern darüber reden, ist, dass von Kindheit an nie wirklich offen und ehrlich darüber gesprochen wird. Da helfen die unpersönlichen Aufklärungen in der Schule oder ein Aufklärungsbuch von den Eltern überhaupt nicht. Es erklärt nicht, wie schön die Liebe wirklich sein kann und wie sie unser Leben bereichert. Zeigen sie ihrem Kind aber schon früh, dass Sex etwas Schönes und vor allem etwas ganz Natürliches ist, wofür man sich nicht schämen muss, dann hat es auch keine Scheu darüber zu sprechen. Bleiben Sie einfach immer nur im Gespräch, ohne ihm das Gefühl zu vermitteln, dass Sie es aushorchen wollen.

9.2. Die freie sexuelle Entfaltung liegt in der Kraft der Jugend

Jugendliche haben zwischen 16 und 17 Jahren die höchste sexuelle Lustenergie in ihrem Leben. Und auch davor ist sie schon stark. Ihre freie Entfaltung wird durch die gesellschaftlichen Regeln verhindert oder zumindest unterdrückt. Das erzeugt einen großen Druck auf junge geschlechtsreife Menschen. Es gibt immer mehr Jugendliche, die im Alter zwischen 14 und 16 Jahren die verschiedensten seelischen Probleme haben. Das geht von Konzentrationsschwächen bis hin zu Leistungsversagen und Depressionen.

Nach meinen Erfahrungen spielt dabei die sexuelle Unterdrückung eine große Rolle. Jedenfalls kenne ich keine Jugendlichen, die solche Probleme haben, wenn sie zu dieser Zeit schon ein Sexualleben mit einem oder mehreren Partnern hatten. Es sei denn, sie haben Schuldgefühle, wie zum Beispiel: „Ich will doch nicht schwul werden", wenn ein Junge sich ein oder mehrere Male mit einem Freund vergnügt hat. Das höre ich bei Jungs am häufigsten. Aber es gibt auch viele andere Gründe für Schuldgefühle. Und das nur, weil einfach die Natur des Menschen nicht anerkannt und gelebt wird. Das basiert auf falschen Normen, die sich, trotz Aufklärung, immer noch fest in den Köpfen der meisten Menschen festgesetzt haben.

Auch habe ich viele Mütter kennengelernt, die verzweifelt waren, weil ihr Sohn oder ihre Tochter in der Schule plötzlich so große Probleme hatten. Das geht bis hin zur Schulverweigerung, erzählten sie mir. Sie glauben immer, ihr Kind sei einfach überfordert. Dabei sahen sie nicht, dass es kein Kind mehr ist, sondern ein 15 bis 16 jähriger Mann oder eine junge Frau, die große Probleme mit der Nichtanerkennung ihres Erwachsenseins durch die Eltern und Lehrer haben. Auch dadurch, dass sie ihre natürlichen wundervollen sexuellen Kräfte nicht rauslassen konnten, leiden sie oft. Aber auch durch ihre Erziehung in der Kindheit können sie große Hemmungen haben und mit inneren Konflikten kämpfen.

Das führt dazu, dass immer häufiger junge Menschen später sexuelle und soziale Probleme haben, weil sie im Alter des Höhepunktes ihrer sexuellen Lust diese nicht ausleben konnten und teilweise stark unterdrücken mussten. Ihre weitere lustvolle und glückliche, soziale Entwicklung wurde dabei empfindlich gestört.

Das Recht auf sexuelle Selbstbestimmung sollte mit der Geschlechtsreife einsetzen und nicht erst mit 16 Jahren. Das Wort „minderjährig" ist auch so ein Unwort, was man in diesem Zusammenhang streichen sollte. Jugendliche werden höchstens zu „Minderjährigen" erzogen, sind es aber nicht von Natur aus. Das widerspricht jeglicher natürlicher Logik. Selbstverständlich muss eine Gesellschaft Regeln haben, die das Zusammenleben von vielen Menschen organisiert. Aber diese Regeln sollten sich nie gegen die Natur oder Evolution wenden, sondern sie sollten sie unterstützen. Und ein geschlechtsreifer Mensch ist nun einmal erwachsen. Nur so können sich die Menschen darin frei und glücklich entwickeln.

Wie kann sich das ändern? Beispiele:

Natürlich können Jugendliche ihre Lüste ausleben. Das sollte aber hauptsächlich in ihrem bekannten sozialen Umfeld passieren. Ich kann mich an meine Schulzeit erinnern, wo es auch Gruppen innerhalb der Schulklasse gab, die sich regelmäßig getroffen haben, um lustvolle miteinander zusammen zu sein. Da ging es auch schon manchmal richtig zur Sache. Sie waren 14 oder 15 Jahre alt, neugierig, experimentierfreudig und wollten alles darüber wissen. Bei diesen Treffen haben sie ihre Lüste erforscht. Sie haben dort in der Praxis die Kondome ausprobiert und die Mädchen nahmen meistens schon die Antibabypille. Selbstverständlich fand das alles heimlich und ohne Wissen der Eltern statt. Sie wären wohl die letzten gewesen, mit denen man darüber gesprochen hätte. Und das ist heute noch so.

An dieser Stelle wende ich mich direkt an junge Leute:

Vorsicht ist aber geboten, wenn Fremde und Ältere dabei ins Spiel kommen. Das kann zwar gut gehen und auch sehr lustvoll sein, aber die Unwissenheit und sexuelle Unbeherrschtheit als junger Mensch kann dann ausgenutzt werden. Das merkt man in der Regel schnell, besonders wenn Jugendliche vorher schon in der Familie selbstbewusst mit ihrer Sexualität umgehen und ihre Grenzen kennen. Menschen, die andere ausnutzen wollen, geben gerne Anweisungen, was du tun sollst. Auf deine eignen Wünsche wird nicht oder nur oberflächlich eingegangen. Vielleicht gibt man dir als ein besonders Privileg des Erwachsenseins Alkohol zu trinken. Besonders gefährlich wird es dann, wenn du dabei aufgefordert wirst, es auch noch mit anderen zu tun. Auch wenn es noch so tolle Begründungen dafür gibt. Das darf wirklich niemand von dir verlangen oder dich dazu überreden wollen. Du solltest in diesem Alter auf keinem Fall darauf eingehen. Suchen dir deine Partner immer selber aus und lass dich von niemandem dabei beeinflussen oder unter Druck setzen.

Wenn Du das merkst, trennen dich so schnell wie möglich von so einem Sexpartner, auch wenn es manchmal schwerfällt. Wenn du es nicht alleine schaffst, hol dir Hilfe! Diese Trennung ist bei deiner Entwicklung kein Problem. Mach da für dich und deine Gefühlswelt kein Drama draus. Du wirst mit Sicherheit viel bessere Partner finden. Sieh es einfach als eine lehrreiche Erfahrung und denk nicht mehr daran, wenn es beendet ist. Egal wie weit du schon gegangen bist. Solche Erfahrungen machen Menschen in jedem Alter und nicht nur junge Menschen, aus den verschiedensten Gründen. Das kenne ich aus meiner Arbeit.

Lass dich von deinem Weg nicht abhalten. Zieh dich also wegen eines solchen Erlebnisses nicht zurück und versag dir deshalb nicht die schönste Sache der Welt. Das ist kein Mensch wert. Hake solche Idioten einfach ab. Finde neugierig und experimentierfreudig deinen eigenen, glücklichen Weg. Sei dabei zu den Partnern immer freundlich und respektvoll. So wie du es auch von ihm erwartest. Guter und erfüllter Sex hat auch immer etwas mit Zuneigung und Vertrauen zu tun. Das muss sich erst aufbauen. Nimm dir die Zeit dafür, die du brauchst.

Nur so kannst du dich ganz deinen Lüsten öffnen und wirklich eine tiefe Erfüllung und nicht nur geilen Sex und eine Befriedigung darin finden. In deinem Alter ist aber auch mal spontaner Sex, bei Gelegenheit, aufregend.

Auch ich denke immer noch an ein einmaliges aber wunderschönes Erlebnis, das ich mit 16 Jahren auf einer Wanderung durch den Harz ganz spontan hatte, was ich wohl nie vergessen werde. Mach einfach deine eigenen Erfahrungen. Du wirst den Weg schon finden.

Junge Leute können aber auch zum Beispiel eine Wohngemeinschaft bilden. Das ist sowieso im Kommen. Aber es sollte nicht erst mit 18 Jahren möglich sein. Finde die richtigen Partner dafür. Wohne nicht nur, sondern lebe mit ihnen gemeinsam. Dazu gehört in der Regel auch ein lustvolles Miteinander.

Im Idealfall lebe auch deine bisexuelle Seite dabei aus, wenn du sie in dir spürst oder einfach nur neugierig bist. Das schafft ein größeres Zusammengehörigkeitsgefühl, ist noch aufregender und lässt kaum Platz für Streit und Eifersucht. Jeder Mensch wird wegen seiner Einzigartigkeit in dieser Gruppe geliebt. Das schafft Lebensfreude und ein gesundes Selbstbewusstsein. Erlebe deine Lust wann und so oft du willst in dieser freien Liebe. Du wirst immer Partner dafür finden. Das ist sehr aufregend, und voller glücklicher Momente. So wirst du auch kaum in eine unangenehme Situation mit Fremden kommen.

Konkreter Vorschlag

Wie wäre es denn, wenn es zum Beispiel Wohngemeinschaften mit Menschen zwischen 14 und 25 Jahren gäbe, wo auch die sexuelle Lust voll ausgelebt werden kann? Das wäre für die soziale und sexuelle Entwicklung von jungen Menschen enorm vorteilhaft. Das ist nur ein Beispiel, denn ich möchte hier selbst keine Altersgrenzen nach unten oder nach oben festschreiben, weder für einen jungen Erwachsenen noch für die WG Mitglieder. Das wäre dann wieder eine neue falsche Regel. Wichtig ist nur, dass sich alle dabei gut fühlen und nicht ideologisch oder organisatorisch an die Gruppe gebunden werden. Also alles, zu jederzeit, durch den freien Willen passiert und ggf. auch beendet werden kann. Die Möglichkeit, eine WG zu wechseln oder in jungen Jahren in die Familie zurückzukommen, muss gewährleistet sein. Lass der Natur und der Evolution freien Lauf. Es wird eine aufregende und schöne Zeit.

Du kannst eine Probezeit von zwei bis vier Wochen in einer Gruppe vereinbaren. In der Zeit können sich alle sozial und sexuell austesten und sehen, ob sie zusammen passen. Es geht hier nicht um Anpassung. Jeder Mensch ist einzigartig. Stelle fest, ob du deine Einzigartigkeit gut in die Gruppe einbringen kannst. Falls du dir über dich selbst noch nicht ganz im Klaren bist, teste es aus und erkenne, welche Entwicklungsmöglichkeiten dir die Mitglieder der Gruppe dazu geben können. Stelle fest, wie hoch die Toleranzgrenze der Gruppe ist und wie hoch deine eigene. Passt das soziale Verhalten? Achte dabei besonders auf Hygiene, Alkohol, Drogen. Stimmen die sexuellen Möglichkeiten, fühlst du dich dabei wirklich frei in deinen Entscheidungen und passt auch die Weltanschauung. Nicht alle müssen so denken und fühlen wie du, aber können sie es auch gegenseitig tolerieren, wenn man nicht alles mitmachen will? Die anderen wiederum können sehen, wie du in die Gruppe passt und sie damit bereicherst. Wenn das stimmt, dann wirst du dort gegenseitige Liebe, Vertrauen und Hilfe erfahren.

In so einer Gruppe entwickelt sich eine phantastische Eigendynamik, in der du dich voller Freude selbstverwirklichen kannst, so wie es unsere Vorfahren schon erlebten. Diese feste Gruppe biete aber noch viele andere Vorteile. Sie bietet mehr Sicherheit für den Einzelnen. Daraus kann dann später eine echte Großfamilie entstehen. Mit gemeinsamen Kindern, die zu freien und selbstbewussten Menschen erzogen werden. Idealerweise entsteht daraus vielleicht eine Mehrgenerationenfamilie.

In so einer Gemeinschaft wirst du dauerhafter, glücklicher und zufriedener sein. Im Idealfall werden sich die Gruppenmitglieder nicht anpassen müssen, sondern können Ihre Persönlichkeit und Ihren Lebensweg individueller gestalten. Das könnte ein Weg zu einem neuen, eigentlich modifizierten besseren alten, sozial und sexuell glücklichen Leben sein, und die Ehe in ihrer heutigen dauerhaften monogamen Form langsam zu großen Teilen ersetzen.

Und noch etwas zum Schluss. Ich möchte hier nicht den Zeigefinger erheben, aber habe auch eine gewisse Verantwortung, wenn ich diese Vorschläge mache. Ich habe bei meinen Recherchen gehört, wie junge Menschen, Mädchen wie Jungen, Gruppensex hatten. Das mit teilweise fremden Älteren und ungeschützt. Ich habe Jungs in schwulen Nacktbars in Berlin erlebt, wie sie hemmungslos mit mehreren Männern ekstatisch zusammen waren und sich austesten wollten, ohne sich zu schützen. Ich wollte es erst nicht glauben, als man mir das erzählte, bis ich es mir dann mit eigenen Augen ansah. Ich persönlich nutze solche

Orte für anonymen Sex, egal ob homo-, bi- oder heterosexuell, aus den schon ausführlich erklärten Gründen nicht. Ich konnte mir vorher nicht vorstellen, dass Männer, die es besser wissen müssten, so etwas mit unerfahrenen Jungs tun. Aber sie taten es. Ich weiß aber auch, dass es bei gleichgeschlechtlichen Begegnungen mit älteren Fremden nicht die Regel ist. Auch gibt es heute schon Pillen, die vor Ansteckung mit HIV schützen, besser als jedes Kondom. Man sollte sie aber auch nehmen, bevor man sich hemmungslos austestet. Ob diese Jungs sie genommen hatten, wusste ich nicht. Ich hoffe es.

Diese Pille wird derzeitig vom amtierenden Gesundheitsminister in Deutschland einer „Risikogruppe" kostenlos zur Verfügung stellen. Ich denke, das ist das falsche Signal. Warum nur einer „Risikogruppe"? Das kann jeden treffen. Jugendliche, die sich austesten wollen, oder bisexuell Lebende gehen doch nicht zum Arzt und lassen sich bescheinigen, dass sie zu einer Risikogruppe gehören. Aber gerade für sie wäre es sehr vorteilhaft sich damit zu schützen. Außerdem sind Ansteckungsgefahren mit HIV nicht nur auf gleichgeschlechtliche Lusterfüllung beschränkt. Aus dieser Sicht wäre es ja dann der überwiegende Teil der Bevölkerung die es betreffen könnte. Also gleiches Recht für alle und das rezeptfrei.

Meistens wird so etwas mit viel Freude und Lust von den Jungen und Mädchen erlebt. Das waren sicherlich tolle Erlebnisse. Aber gesundheitlich sehr gefährlich, besonders mit Fremden. Sicherlich war da Alkohol im Spiel, vielleicht auch Drogen. Nicht unschuldig daran ist, dass Jugendliche ihre sexuellen starken Bedürfnisse unterdrücken müssen und nach Ventilen greifen, wenn sie Gelegenheit dazu haben, oder danach in aller Heimlichkeit suchen müssen. Schuld daran ist also in erster Linie nicht der Jugendliche, sondern die gesellschaftlichen Bedingungen und die falschen, moralischen Normen und Regeln, in denen er aufgewachsen ist.

Deshalb musst du selbst Verantwortung übernehmen, wenn du es besser machen willst. **Mehr sexuelle Selbstbestimmung hat auch immer etwas mit mehr Verantwortung für sich selbst und andere zu tun.**

Informiere dich deshalb vorher unbedingt über die gesundheitlichen Folgen und wie du dich davor schützen kannst. Rede auch in der Gruppe darüber, die du eventuell testen willst. Es ist ja durchaus möglich oder wahrscheinlich, dass die Mitglieder der Gruppe gesund sind und auch außerhalb, zumindest keinen ungeschützten Sex haben, wenn überhaupt. Dann brauchst du dir keine Sorgen mehr zu machen und kannst dich ausleben, ohne dich zu irgendetwas drängen zu lassen.

Gehe da aber kein Risiko ein und sprich das Thema gleich zu Beginn offen und ehrlich an. Auch wenn der Reiz und die Lust noch so groß sind und es von anderen verharmlost wird. Schon beim ersten Mal könnte es passieren, dass du für ein ganzes Leben gesundheitliche Schäden davonträgst. Das würde das Aus für ein wirklich lustvolles und sexuell erfülltes Lebens bis ans Ende deiner Tage bedeuten. Sei nicht dumm. Das sollte dir jetzt keine Angst machen und dich von einem lustvollen, erfüllten Jugendleben abhalten. Wenn du die nötigen Vorkehrungen getroffen hast, kann dir nichts passieren. Aber tu es.

Mit Änderung der gesellschaftlichen und familiären Regeln wäre diese neue Lebensweise in Gruppen durchaus möglich und würde eine wesentlich bessere Entwicklungsmöglichkeit für junge Menschen schaffen. Natürlich dauert es in unserer heutigen Zeit wegen Schule und Ausbildung länger, bis junge Menschen ein finanziell selbstständiges Leben führen können. Aber es gibt keinen vernünftigen Grund dafür, dass sie ihre Sexualität und dadurch ihre sozialen Erfahrungen auch außerhalb der Familie nicht frei entfalten können. Die emotionale

Bindung an die Familie wird dabei sicher nicht gestört, sondern oft wird das Gegenteil der Fall sein. Gesellschaftliche Regeln und soziale Normen können geändert werden. Familien können ihre Kinder auf diesem Weg genauso gut unterstützen, wie sie es bisher taten. Nur das sie ihnen dadurch stärkere Eigenverantwortung geben, ihre freien Entwicklungsmöglichkeiten fördern und sie damit zu selbstbewussteren, glücklicheren Menschen machen.

Epilog

Die Jugend war schon immer der Motor von gesellschaftlichen Veränderungen. Und da sie im hohen Maße die Leidtragenden der schlechten gesellschaftlichen Bedingungen zur freien natürlichen Entfaltung ihrer Lust und Sexualität sind, haben sie das Recht, etwas dagegen zu tun.

Wende dich aber nicht generell gegen die ältere Generation, die anders lebt, als du es willst. Suche dir auch aus diesen Reihen Verbündete. Die sind heute manchmal schon aufgeklärter und offener, als es früher der Fall war. Rede auch in deiner Familie darüber. Deine Eltern können dir erlauben, auch als „Minderjähriger" in einer Gruppe zu leben. Da muss man noch nicht einmal gleich die Gesetze ändern.

Eine der wichtigsten Verbündeten in der Vergangenheit war schon immer die Kunst. Einige Beispiele, wie du auch hier den Fortschritt voranbringen kannst:

Bücher und Filme

Beschreibe als junger oder älterer unterstützender Schriftsteller oder Filmemacher alternative Lebensweisen. Nicht kommerziell, wie üblich, nämlich nicht wie kompliziert und problembehaftet diese sind, sondern wie dadurch ein besseres und erfüllteres Leben ermöglicht wird. Stell dabei ruhig auch mal die Ehe daneben. Verschweige auch nicht die große natürliche sexuelle Erfüllung und Zufriedenheit in der Gruppe dabei. Beschreibe also die Lovestory einer Gruppe. Zeige die positive Dynamik in so einer Lebensgemeinschaft auf und so weiter. Zeige, wie sich Jugendliche in ihrer sexuellen Zwangsjacke fühlen. Wie sie sich von der Familie in ihrer sexuellen Entwicklung ausgeschlossen fühlen und wie sie aufblühen, wenn sie sich davon befreien.

Aber auch in anderen Büchern und Filmen wie Krimis und Dramen kann das eingebaut werden. In historischen Themen gab und gibt es auch schon immer viele bisexuelle Beziehungen, die heute meistens verschwiegen werden und andere glückliche Lebenskonzepte. Meist können gerade in historischen Themen, wo die alten Schriften nicht eindeutig interpretiert werden, polygame und bisexuelle Lebensweisen einen großen, oft positiven Anteil an einer geschichtlichen Entwicklung haben. Warum werden sie immer nur in eine rein heterosexuelle Richtung gedeutet? Die andere ist genauso schön und natürlich in der Evolution der Menschen. Dieses Verständnis brauchen wir wieder.

Ist es nicht wunderbar, wenn David neben seinen acht Hauptfrauen auch eine tiefe und erfüllte sexuelle Liebesbeziehung zu seinem Freund Jonathan hatte, was ganz sicher historische Entscheidungen mit sich brachte? Oder Alexander der Große seinen Freund Hephaistion liebte und mit ihm so manche lustvolle Stunde verbrachte? Es vielleicht gerade dadurch die Motivation und Strategie in diesem Eroberungskrieg positiv beeinflusste? Das kann auch offen und als ganz natürlich dargestellt werden.

Hier einmal ein Auszug dazu von Wikipedia:

„Ähnlich wie in der griechischen Poliswelt südlich des Olymps war die gleichgeschlechtliche Liebe zwischen männlichen Personen im antiken Makedonien verbreitet und wurde weitgehend gesellschaftlich akzeptiert ... Die historische Forschung ist sich weitgehend darüber einig, dass König Philipp II. von Makedonien neben seinen zahlreichen sexuellen Beziehungen zu Frauen – er hatte u. a. mehrere Ehegattinnen – auch sexuelle Kontakte zu Männern, vor allem wohl Höflingen, unterhielt.[34][40] Die später wirkenden griechischen und lateinischen Autoren Marcus Iunianus Iustinus, Curtius Rufus und Athenaios von Naukratis berichten in ihren Schriften zudem von erotisch konnotierten Liebesverhältnissen seines Sohnes Alexander mit dem makedonischen Adeligen Hephaistion sowie dem persischen Höfling Bagoas.[41][42] Die Mehrheit der aktuellen Forscher hält die erwähnten Intimbeziehungen Alexanders zu diesen beiden historischen Personen, trotz einzelner Gegenstimmen[43], für wahrscheinlich"

Die Filme, die ich von Philipp und Alexander kenne, lassen diese Seite entweder ganz aus oder stellen nur ganz wage Vermutungen darüber an. Immer werden sie nur in der Beziehung mit Frauen gezeigt. Die Liebe unter Männern war zu dieser Zeit sehr verbreitet und machte sich ganz sicher positiv im sozialen Leben der Menschen bemerkbar, sicherlich sogar in Lebensentscheidungen. Das einfach auszuklammern, vermittelt ein falsches Bild von der Geschichte. Welche Auswirkungen hatte es zum Beispiel auch auf das große Durchhaltevermögen seines Heeres, das viele Jahre unterwegs war und bei denen untereinander die gleichgeschlechtliche Liebe gesellschaftlich anerkannt war? Das Gleiche gilt auch bei den vielen Verfilmungen aus dem alten Griechenland, wo die Bisexualität ebenfalls zur gesellschaftlichen Normalität zählte und sogar gefördert wurde. Die Geschichte ist vollgepackt mit diesen Beispielen und das nicht nur im antiken Griechenland und Makedonien.

So war auch die Königin von Schweden, Kristina, in Liebe einer Frau zugetan und hatte sehr fortschrittliche Ideen für die damalige Zeit.

Die Geschichte war weltweit und zu jeder Zeit sexuell und in der Liebe viel bunter, als es uns meistens vorgespielt wird. Gleichgeschlechtliche Lusterfüllung zwischen Männern und zwischen Frauen, und auch die Polygamie waren in der Geschichte viel verbreiteter, als heute gezeigt wird. Es wirkte sich mit Sicherheit positiv auf die sozialen Verhältnisse und damit auf die Entwicklung von Gesellschaften und Menschen aus. Es wäre sehr hilfreich, wenn diese Seite ohne gehobenen Zeigefinger auch als etwas ganz Natürliches dargestellt würde. Das dient der Aufklärung unserer sexuellen geschichtlichen Entwicklung und führt uns zu uns selbst.

Und wenn es ein Liebesroman oder Film sein soll, dann könntest du zeigen, dass sich auch mehrere Menschen gleichermaßen lieben können und eng mit einander verbunden sind, auch sexuell. Lange Zeit war das die Regel. Nur im Dunstkreis der Kirche wurden die historischen Tatsachen verdreht oder geheim gehalten und sicherlich werden es viele davon auch heute noch. Die Kirche war es, die über Jahrhunderte als einzige Institution die historischen Dokumente sammelte und übersetzte. Sie bestimmte, welche davon an die Öffentlichkeit kamen und welche geheim gehalten wurden und immer noch werden, selbst Teile der Bibel. Gerade Schriften, die von sexuell freier Lebensweise berichteten, wurden ganz sicher nicht von der Kirche für die Öffentlichkeit bereitgestellt und verstauben in ihren geheimen Archiven, um ihre offensichtlich falschen Lehren am Leben erhalten zu können. Diesen Unfug müssen wir endlich beenden, denn es leiden Millionen von Menschen darunter.

Gott sei Dank bekam die Kirche aber nicht alle Schriften in ihre Hände. So wissen wir heute viel von den Griechen, Makedoniern und Kelten. Aber es ist sehr wahrscheinlich, dass das nur ein Tropfen auf dem heißen Stein ist. Hilf gerade du als junger oder junggebliebener Mensch mit deiner Kunst, die Menschen wieder frei von Vorurteilen und falschen Glaubenssätzen zu machen. Hilf dabei, dass sich die Menschen wieder glücklich und frei entwickeln können.

Musik

Nichts trägt neue Ideen schneller als die Musik. Wir kennen das aus der Hippiezeit. Diese Musik hat in der ganzen Welt ein neues Lebensgefühl, gerade bei jungen Menschen, hervorgerufen. Das war der Impuls für die damalige sexuelle Revolution und der humanitären Kindererziehung. Auch die öffentliche Präsentation von Stars war und ist für viele Jugendliche ein Vorbild. Einige haben sich schon damals zu ihrer Homo- oder Bisexualität bekannt. Es wäre gut, wenn sich die anderen auch zu ihrer ganz natürlichen Bisexualität oder auch ihrer Polygamie bekennen. Das gilt natürlich nicht nur für Künstler. Dabei muss man noch nicht einmal sagen: „Ich bin bisexuell und polygam", sondern es reicht ja schon, wenn gesagt wird, dass man Bisexualität und Polygamie für eine ganz natürliche Sache hält, die in allen oder den meisten Menschen steckt.

Unterstütze damit die endgültige sexuelle Befreiung der Jugend aus den schon längst überalterten (un)moralischen Vorstellungen und den daraus immer noch vorhandenen gesellschaftlichen Normen und Gesetzen.

Schildere in Liedern, wie sich unterschätzte Jugendliche in ihrer sexuellen Entwicklung fühlen. Wie sexuelle Wünsche und Träume unterdrückt werden und warum das so ist. Lehne dich dagegen auf. Sing von Alternativen.

Die Musik berührt die Herzen der Menschen und entfaltet damit eine ungeheure Kraft zur Veränderung. Verändere die Welt und die damit schon völlig unangemessenen Moralvorstellungen mit Musik und Texten. Die Zeit ist überreif dafür. Man wird dich hören.

10. Bisexualität

Wie in den ersten Kapiteln erklärt, gehörten das gleichgeschlechtliche lustvollen Zusammensein der Menschen schon seit Beginn der Entwicklung zum festen Bestandteil ihrer Sexualität. Das war vor ca. einer Million Jahren. Alle Formen der Sexualität wurden frei und offen miteinander ausgelebt. Zur gleichberechtigten Normalität wurde es dann vor ca. 300 000 Jahren beim Homo sapiens. Ein bisexuelles Verhalten von Tieren und dem Homo sapiens war dominierend. Damit kann die Bisexualität als die natürlichste und ursprüngliche Form der Sexualität identifiziert werden.

Durch diesen langen Zeitraum war es der Evolution möglich, dies in die körperliche Entwicklung zu integrieren. Wie schon beschrieben, sind die Lustpunkte im Laufe der Evolution auf ein bisexuelles Leben bei Männer und Frauen ausgerichtet worden. Das führte zu einer weiteren Entwicklung des glücklichen Zusammenseins und festigte die soziale Bindung in der Gruppe. Denn diese Gefühle und Energien stärkten den Menschen, gaben ihm mehr Motivation und schafften eine stärkere, stabilere Verbindung untereinander. Aus der Sicht der Evolution ist Bisexualität ein Fortschritt in der menschlichen Entwicklung. In Kulturen, in denen Religionen, keinen großen Einfluss genommen haben, ist es heute noch gängige Praxis. Sie halten sich nur vor Fremden, die anders darüber denken, bedeckt.

Die nicht geschlechterspezifische Ausrichtung der sexuellen Lusterfüllung hatte in der Vergangenheit bei der Entwicklung zum Menschen, der wir heute sind, viele Vorteile:

Nach der evolutionären Herausbildung aller körperlichen Voraussetzungen wurde das Lustempfinden stark erweitert und führte zu mehr Vielfalt und Möglichkeiten.

Die sozialen Bindungen wurden dadurch zwischen und innerhalb der Geschlechter gestärkt.

Es gab wesentlich weniger Konkurrenzkampf um das andere Geschlecht.

Die Gleichstellung zwischen Mann und Frau waren dadurch auch im sozialen Leben ganz natürlich. Beide ergänzten sich optimal. Das führte zu einer schnelleren und besseren Weiterentwicklung.

Das aber konnte sich im Wesentlichen nur in einer fest miteinander verbundenen sozialen Gruppe entwickeln. Also nicht mit Fremden oder in einer festen, aber toleranten Zweierbeziehung.

Obwohl viele Menschen spüren oder irgendwann einmal gespürt haben, dass es auch in ihnen steckt, wehren sie sich dagegen, verdrängen oder verleugnen es einfach vor sich selbst. Das habe ich bei vielen Gesprächen feststellen können.

Warum ist das so?

<u>Die Jahrtausende lang aufgebauten Vorurteile und falschen Glaubenssätze sind für viele noch zu stark, um selbstbewusst diesen evolutionär natürlichen Weg zu gehen.</u> Keiner soll sich zwingen, bisexuell zu leben. Sie sollten aber auch ehrlich zu sich selbst sein. Zurzeit ist anzunehmen, dass viele diese Orientierung haben, aber leugnen. Vielleicht sind Sie aber wirklich rein heterosexuell veranlagt. Dann gehören Sie, wie die rein homosexuellen Menschen, einer Minderheit an. Aber auch das hat keine Bedeutung und ist natürlich.

<u>Das soziale Umfeld toleriert es meistens nicht. Davor hat man Angst.</u> Sollten Sie sich dieser Angst aber stellen, dann

sind Sie derjenige, der den Fortschritt in Ihre soziale Gruppe bringt. Ich hatte einen Klienten, der mir erzählte, dass, als er mit 24 Jahren seinem Freundeskreis selbstbewusst mitgeteilt hatte, er sei bisexuell. Nach und nach kamen fast alle seine Freunde zu ihm und wollten mit ihm erleben, wie das ist. Die meisten fanden großen Gefallen daran.

Man lebt in einer monogamen Zweierbeziehung, hat diese Wünsche und glaubt aber, dass es der andere nicht akzeptiert. Schon eine monogame Beziehung an sich ist auf Dauer fragwürdig. Vielleicht wäre da das gemeinsame Ausleben der Bisexualität eine bessere Alternative. Am besten in einer festen sozialen Gruppe.

Obwohl die Bisexualität früher der soziale Motor für die Entwicklung war, ist es unter heutigen Bedingungen schwierig frei auszuleben. Bisexuelle Menschen haben dadurch Konflikte, weil sie glauben, sich für eine Sache entscheiden zu müssen, um sich dazugehörig zu fühlen. Das ist aber der gänzlich falsche Ansatz, denn sie sind in ihrer vielfältigen Lust in der überwältigenden Mehrheit.

Man hat Angst davor, dass man homosexuell wird. Diese Ängste haben aber nur junge Männer. Frauen haben sie in der Regel nicht. Homosexualität aber ist auch ganz normal. Also braucht man keine Angst davor zu haben. Bisexualität war früher die Regel und nur wenige haben sich dabei für den homosexuellen Weg entschieden. Die Lust mit dem gleichen Geschlecht spielt für eine sexuelle einseitige Orientierung keine Rolle. Man wird nicht homosexuell, nur weil man auch lustvoll mit dem gleichen Geschlecht zusammen ist. Und falls man dabei doch erkennt, dass das gleiche Geschlecht für einen lustvoller ist, dann sollte man sich darüber freuen, es erkannt zu haben, um ab jetzt glücklicher zu leben.

Um seine bisexuelle Seite manchmal auszuleben, gehen viele einfach ab und zu mal in die zurzeit vorherrschende Subkultur der Homosexuellen. Dort tobt man sich zwar richtig aus, kann sich aber nicht damit identifizieren und fühlt sich als Außenseiter. Sowohl dort als auch im heterosexuellen sozialen Umfeld fühlt man sich nicht so richtig anerkannt. Das führt auf Dauer zu keinem erfüllten sexuellen Leben.

Bisexualität wurde früher in einer sozialen Gruppe von Männern und Frauen von allen ausgelebt und kann so zu einem erfüllteren und glücklicheren Leben führen. Natürlich ist es heute auch möglich, dass Männer wie Frauen zusammen in einer Gruppe bisexuell leben. Im Idealfall sollten diese aber sozial miteinander verbunden sein, auch wenn das nicht immer von Dauer sein muss. Sie müssen dabei nicht unbedingt alle gemeinsam leben. Wir haben heute ja viel bessere Möglichkeiten als unsere Vorfahren, wann immer wir wollen auch zusammen kommen zu können.

Trotzdem wäre eine feste Lebensgemeinschaft in einer Räumlichkeit mit einer Gruppe optimal. Hier kann diese wunderbare Kraft der sozialen Bindung, Ergänzung und Hilfe am besten auf die Entwicklung auch eines jeden Einzelnen wirken und damit zu einem besseren, erfüllten Leben führen. Falls angedacht, würden Kinder in so einer Gruppe freier, glücklicher und selbstbewusster heranwachsen.

11. Homosexualität

Noch immer beschäftigen sich Forscher mit den Ursachen der Homosexualität. Warum überhaupt? Stimmt denn die Richtung, in der sie suchen? Es ist doch viel wahrscheinlicher, dass die Bisexualität im Laufe der evolutionären Entwicklung in den Genen aller Menschen verankert wurde und ist. Meiner Meinung nach ist Homosexualität aus den bisexuellen Beziehungen der Urmenschen evolutionär hervorgegangen.

Es ist leicht vorstellbar, dass es zu Urzeiten nicht immer Gruppen gab, in denen das Verhältnis der Geschlechter ausgeglichen war. Da Bisexualität bekannt war und reichlich zur Lustbefriedigung genutzt wurde, war es in einer Gruppe mit unausgeglichenem Geschlechterverhältnis nur logisch, dass sich einige mehr dem eigenen Geschlecht zuwandten, und sie betätigten sich irgendwann ausschließlich darin.

Nach Jahrtausenden wurde die Bisexualität in den Genen der Menschen verankert und das schaffte auch die Voraussetzung, dass sich generell die Orientierungsmöglichkeit bei jedem Menschen auf das gleiche Geschlecht manifestieren konnte. Je nachdem, welche Samenzelle die Eizelle befruchtet und unter welchen augenblicklichen, nicht beeinflussbaren Bedingungen das geschieht, kann es zu dieser eindeutigen, sexuell gleichgeschlechtlichen Orientierung kommen, schon mit der Geburt. Ein spezielles Gen, das der Homosexualität zugeschrieben werden kann, und nach dem man sucht, wird es wahrscheinlich nicht geben. Es war für die Evolution ein Fortschritt, Menschen mit gleichgeschlechtlicher Orientierung hervorzubringen. Das gibt es auch ganz natürlich schon immer im Tierreich.

Durch die Bisexualität in der Gruppe konnten auch gleichgeschlechtlich orientierte Mitglieder ihre Lust in vollen Zügen ausleben, auch wenn sie mit dieser eindeutigen Orientierung allein in einer Sippe waren. Es musste sich deshalb keine Subkultur der Homosexuellen entwickeln. Bisexuelle Männer oder Frauen favorisierten sie dann oft für die Erfüllung ihrer Lüste. Sie hatten mehr Erfahrungen darin um die Lust auf diese Art zum größten Vergnügen werden zu lassen.

Von der Fortpflanzung waren sie ausgeschlossen und konnten sich deshalb anderen Dingen stärker zuwenden, denn sie wurden nicht in die Arbeitsteilung einer Familie eingebunden. So betätigten sich diese Männer und Frauen oft als Medizinmänner oder -frauen, später dann Künstler, Philosophen, Politiker. Sie waren oft kreativ und trieben den Fortschritt voran. Auch in diesem Fall hat die Evolution ganze Arbeit geleistet. Heute rechnet man damit, dass ca. 10 % der Menschen homosexuell sind. Nach den neusten Erkenntnissen ist die lange angenommene Zahl von 5 % überholt. Es ist anzunehmen, dass mit der weiteren evolutionären Entwicklung dieser Prozentsatz steigt.

Homosexuelles Verhalten tritt in vielen Arten auf. Heute wird es meistens mit der eindeutigen gleichgeschlechtlichen Liebe unter Männern beschrieben, aber zum Beispiel in Venda, einem Gebiet in Südafrika, gab es ein System von Frauenhochzeiten. Und auch unter den Frauen der arabisch- afrikanischen Swahili-Bevölkerung von Mombasa (Kenia) existierte ein soziales Netz lesbischer Paare, hier meist zwischen älteren und jüngeren Frauen. Homosexualität war und ist also nicht nur eine Männersache. Heute treten immer mehr lesbische Paare auch in Deutschland in der Öffentlichkeit auf und heiraten. Die Berliner Morgenpost berichtete 2018:

In Berlin haben sich (seit Oktober des Jahres) bereits Hunderte schwule und lesbische Paare fürs Heiraten entschieden. Von Oktober bis Ende Dezember schlossen 680 Paare den Bund fürs Leben, wie Innenstaatssekretär Torsten Akmann (SPD) auf eine parlamentarische Anfrage der Grünen im Abgeordnetenhaus mitteilte. Etwa zwei Drittel von ihnen lebten bereits in einer eingetragenen Lebenspartnerschaft. Zuvor hatte der "Tagesspiegel" darüber berichtet ... Zu zwei Dritteln waren es Männer. (Also ein Drittel Frauen)

Gleichgeschlechtliche Paare können seit 1. Oktober genau wie heterosexuelle heiraten. Dafür hatten sich Schwule und Lesben jahrzehntelang eingesetzt, der Bundestag machte im Sommer den Weg dafür frei. Verheiratete Homosexuelle haben jetzt dieselben Rechte und Pflichten wie heterosexuelle Eheleute, wie etwa das Recht zur Adoption von Kindern.

Genau genommen brauchen wir aber nicht die Ehe für alle. Obwohl sie unter den heutigen Bedingungen wichtig für die gesellschaftliche Gleichstellung der gleichgeschlechtlichen Liebe ist und damit ein großer Sieg für die Gleichberechtigung. Letztendlich ist es nur eine weitere Stärkung dieses falschen, mit Gewalt entstandenen Konstrukts, was man Ehe nennt. Aber manchmal muss etwas auch erst anerkannt werden, bevor man es ablehnen kann.

Trotz der gesetzlichen und damit gesellschaftlichen Gleichstellung in einigen Ländern werden Homosexuelle leider immer noch extrem ausgegrenzt. Ja, in vielen Ländern steht Homosexualität noch unter Strafe, bis zur Todesstrafe.

Besonders wirkt sie in den Köpfen der Menschen. Selbst in einer aufgeklärten Gesellschaft, weil sie sich immer noch von ihrer natürlichen, innewohnenden Bisexualität weitgehend abgewandt hat. Diese Menschen haben Angst vor sich selbst. Und diese Angst wurde zweitausend Jahre lang fest in ihnen angelegt. Ein lustvolles, dauerhaft erfülltes Leben führten sie in den meisten Fällen aber nicht. Angst erzeugt Gegenwehr und Hass, welches die Homosexuellen dann zu spüren bekommen. Und das alles nur, weil es irgendwann einmal, entgegen unserer natürlichen Veranlagung, verboten wurde.

Millionen von Menschen sind im Laufe der Geschichte dieser zweitausendjährigen Entwicklung dadurch zu Tode gekommen. Das wirkt heute noch nach, selbst in einer Gesellschaft, in der Homosexualität gesetzlich gleichberechtigt zu andern sexuellen Beziehungen existiert. Schuld daran sind aber nicht nur die Gegner, sondern auch einige Homosexuelle selbst. Aus Trotz wird gerade deshalb provozierend der Sex in der Öffentlichkeit übertrieben in den Vordergrund gestellt, um sich den Gegnern selbstbewusst zu stellen. Aber damit werden sie für andere oft zu Exoten, was sie ja evolutionär gar nicht sind, und grenzen sich selber aus. Es gibt aber auch immer mehr Homosexuelle die daran zweifeln, dass das der richtige Weg zur Integration ist.

Wie sieht es aus mit dem sexuell erfüllten Leben in der gleichgeschlechtlichen Liebe in unserem Land?

In der Regel gibt es viele Möglichkeiten, besonders für Männer in den Großstädten. Die neu gewonnene Freiheit wird in vollen Zügen ausgekostet. Das führt aber manchmal auch zu Übertreibungen, die sich nicht günstig auf ein befriedigendes lustvolles Leben auswirken. Sie treffen sich in Bars oder Diskotheken. Dort gibt es meistens auch gleich Räume, in die sie sich nach Bedarf verdrücken können, um ihrer Lust freien Lauf zu lassen.

Oft sehen sie ihren Sexpartner dort zum ersten Mal oder gehen alleine in den dunklen Raum und haben dort ganz anonym lustvollen Sex. Selten gehen sie zusammen nachhause und verabschieden sich am Morgen wieder voneinander. Es gibt Onlineportale, wo sie Treffen vereinbaren und es gleich beim ersten Treffen zur Sache geht, bis sie sich nach ein oder zwei Stunden wieder verabschieden. Es gibt auch Nacktdiskotheken, wo sie sich gleich auf offener Bühne gegenseitig bespringen. Alle diese Praktiken sind sehr häufig. Zumindest, wo es die Möglichkeit dafür gibt. Das ist legitim und menschlich.

Allerdings auch oberflächlich und es fehlt mit der Zeit die soziale und emotional feste Bindung zu Menschen, mit denen man auf diese wunderbare Art zusammen ist. Das ist aber ein wesentlicher Bestandteil für ein wirklich glückliches und erfülltes Sexleben. Auch Homosexuelle werden bei dieser Art des unkomplizierten Auslebens ihrer Triebe einsam und der eventuell vorhandene Freundeskreis gleicht es nie ganz aus. Im schlimmsten Fall macht es süchtig nach ständigem animalischem Sex, dessen Ursache aber letztendlich unbefriedigte Lusterfüllung ist, der nicht glücklich, sondern nur noch einsamer macht.

Natürlich gibt es auch homosexuelle Paare, die zusammen leben. Diese feste Verbindung ist in der Regel offener und lässt meistens Platz für einen Spielraum, die polygame Sexualität auszuleben. Trotzdem lieben sie sich und haben oft eine sehr feste soziale und emotionale Bindung. Auch in ihrem Sexleben miteinander sind sie meistens länger aktiv. Das Problem dabei ist aber häufig, dass es besonders unter gleichgeschlechtlich orientierten Männern viele und unkomplizierte Möglichkeiten gibt, schnell andere Interessenten kennenzulernen. Auch wenn es am Anfang nur die Suche nach einem sexuellen Abenteuer ist, werden dann doch Gefühle geweckt und sie verlieben sich in einen anderen. Das wäre prinzipiell kein Problem, wenn da nicht diese falschen Glaubenssätze über die Liebe seit tausenden von Jahren in uns manifestiert wurde. Den „Neuen" in einer festen, jahrelangen Beziehung als dritten Partner gleichberechtigt einzuführen, ist deshalb oft unmöglich. So muss es zu einer Entscheidung kommen. Entweder ich oder der andere. Also trennen sie sich oft wieder. Es gibt deshalb sehr wenige wirklich dauerhaft feste, homosexuelle Beziehungen, in denen ein lustvoll erfülltes Leben möglich ist.

Auch hier wäre eine Alternative die Wohngemeinschaft. Die kann aus mehreren Homosexuellen bestehen, die gut zusammen passen und innerhalb der Gruppe auch mit dem Ausleben ihre sexuellen Bedürfnisse voll zufrieden sind. Selbst wenn sie jemanden neuen kennenlernen, kann dieser, wenn es alle wollen, leichter in die Gruppe aufgenommen werden. Es kann aber auch ein einzelner Homosexueller in eine größere gemischte Gruppe gehen, die bisexuell lebt. Auch hier kann er seinen festen Platz finden und sehr glücklich werden, so wie es schon seit tausenden von Jahren in einer Sippe oder Großfamilie der Fall war. In beiden Fällen findet jeder dabei mehr Sicherheit und kann seine sexuellen Wünsche viel häufiger und besser ausleben. Diese Gemeinschaft ist in der Regel stabiler und bietet dazu noch größere und im Idealfall weiterführende soziale Kontakte.

12. Die Selbstbefriedung - Eine Notlösung?

Selbstbefriedigung wird öfter auch im Tierreich beobachtet und unsere Vorfahren kannten es sicherlich auch. Es ist aber anzunehmen, dass es zu ihrer Zeit eine Methode war, die selten angewandt wurde. Sie waren zum einen gewohnt, ihre Lust untereinander frei zu befriedigen, zum anderen hielten sie sich meistens in Gruppen auf. So dass keine Notwendigkeit dafür bestand. Selten gab es überhaupt Situationen, wo sie lange allein waren, um ihre Triebe durch Selbstbefriedigung stillen zu müssen. Sie lebten zusammen in einer Sippe und gingen auch gemeinsam auf die Jagd. Die geschlechtsreifen Kinder wurden nahtlos in das lustvolle Treiben einbezogen. Auch für sie gab es deshalb keinen Grund, ihre Lüste oft selbst zu befriedigen. Und da sie bisexuell waren, fanden alle zu jeder Zeit auch einen oder mehrere Partner dafür.

Eine Wende nahm die Entwicklung der Selbstbefriedigung erst mit dem Einzug der Verbote in den Schriften des Alten Testaments. Sex war nur noch in der Ehe erlaubt, gleichgeschlechtlicher Sex war verboten genauso wie Sex mit Tieren. Die Menschen hatten also keine Möglichkeit mehr, ihre starken sexuellen Lüste zu befriedigen. Dieser unnatürliche sexuelle Entzug wurde auf die Spitze getrieben und selbst die Selbstbefriedigung wurde verboten. Die Menschen waren in eine unerträgliche Zwangsjacke gesteckt worden. Also wurde alles nur noch heimlich gemacht und es bestand dabei immer die Gefahr, erwischt und bestraft zu werden. Das konnte zu dieser Zeit die Todesstrafe bedeuten. Da war die Selbstbefriedigung noch die sicherste verborgene Methode, um nicht erwischt zu werden. Und wenn, dann wurde sie auch nicht so hart bestraft.

Durch diesen ungeheuren Druck, unter dem die Menschen durch solche Verbote standen, kam es zu mehr Selbstbefriedigung. Aber auch die war immer mit Angst und Schuldgefühlen verbunden. Also wurde sie meist heimlich und schnell zur reinen Befriedigung des sexuellen Drucks betrieben. Ein bewusst tiefes, befriedigendes Erlebnis durch eigene Selbsterfahrung, so wie ich es später in diesem Buch beschreibe, gab es in der Regel nicht. Damit war sie auch nie wirklich befriedigend und führte zu keinem glückseligen Zustand. Da die Triebe dadurch nicht richtig befriedigt werden konnten, ist zu vermuten, dass sie deshalb umso häufig durchgeführt wurde.

Auch in unserer Zeit ist die Selbstbefriedigung häufig. Zum einen werden auch heute noch geschlechtsreife Jugendliche nicht in das volle sexuelle Leben der Erwachsenen einbezogen. So werden sie genötigt, die schönsten und aufregendsten Jahre ihrer Lustentwicklung mit Selbstbefriedigung zu verbringen.

Zum anderen ist eine monogame Ehe auf Dauer unbefriedigend und es wird versucht, das durch Phantasien in der Selbstbefriedigung abzuschwächen. Es ist sehr wahrscheinlich, dass in einer monogamen Ehe auf Dauer wesentlich mehr Orgasmen durch Selbstbefriedung hervorgerufen werden als durch Geschlechtsverkehr mit dem Partner. Und vergessen wir nicht die zunehmende Singlekultur. Selbstbefriedigung, besonders wenn sie von Dauer ist, ist aber immer ein Indiz für ein unbefriedigendes Sexualleben. Es weist darauf hin, dass unser Sexualleben nicht natürlich ausgelebt wird, bzw. werden kann.

Wenn es denn nun einmal so ist, machen wir das Beste daraus, sagten sich einige geschäftstüchtige Menschen. Und so entstand eine ganze Industrie für diesen Bedarf. Dildos für die Frauen in allen Größen und mit allen technischen Raffinessen, Analdildos für Männer zur Stimulierung ihrer

Lustzone, Pornobücher, -hefte, -filme, für wirklich jeden etwas: Telefonsex und Lifesex im Internet, wo man zuschauen und Wünsche äußern kann und vieles mehr.

In Deutschland werden nur für pornografische Materialien im Jahr rund 47 Millionen Euro umgesetzt, Tendenz steigend. Mit Telefonsex werden weltweit über zwei Milliarden im Jahr umgesetzt. Telefonsex befindet sich zwar etwas im Abstieg, aber dafür werden immer neue Formen im Internet angeboten, um die Selbstbefriedigung angenehmer zu machen. Eine tiefe innere Befriedigung findet man aber auch hier nicht, im Höchstfall eine kurze Erleichterung. Das kann besonders bei jungen Männern und auch Frauen unter Umständen sogar zur Sexsucht führen.

Es ist eine Sucht wie jede andere. Anfängliche Glücksgefühle verschwinden schnell und verwandeln sich in unkontrolliertes immer stärker werdendes, quälendes Verlangen. Es führt zur Einsamkeit und die Persönlichkeit wird allmählich zerstört. Alle ethischen und moralischen Grundsätze werden bei Seite geschoben, wenn es der Suchtbefriedigung dient.

Besonders beginnt es bei jungen Menschen, die noch keinen Sex hatten und sich über Jahre selbstbefriedigen müssen. Es ist deshalb kein Wunder, dass immer mehr Jugendliche Potenzproblem haben. Auch das kenne ich aus der Praxis. Das können Ängste, Erektionsprobleme, Lustlosigkeit und Orgasmus Schwierigkeiten sein. Junge, potente Menschen, deren ganzes Leben noch vor ihnen liegt, kommen aufgrund unserer gesellschaftlichen Bedingungen also mit Potenzproblemen zu mir. Das sollte uns zu denken geben.

Natürlich muss die Selbstbefriedigung in unserer Zeit nicht immer eine Notlösung sein. In stressigen Zeiten wollen wir manchmal auch allein mit uns und unseren lustvollen

Gefühlen sein. Es kommt nur darauf an, was man daraus macht. Später in diesem Buch gebe ich deshalb eine kleine Anleitung dazu.

13. Blick aus der Vergangenheit in die Zukunft

Mit dem Heraustreten des Menschen aus dem Tierreich begann dieser seine Umwelt zu reflektieren. So wurden ihm auch seine Triebe, immer mehr bewusst. Diese Triebe brachten, wie bei allen Lebewesen, die stärksten und intensivsten Glücksgefühle hervor. Der Mensch aber erkannte in ihnen ein Mittel, im Leben insgesamt glücklicher zu werden. Natürlich nutzte er sie jetzt vielfältiger und nicht mehr nur bei der Fortpflanzung. Damit entwickelte er ein neues soziales Bewusstsein, aus dem später dann die natürliche und nicht besitzergreifende, polygame Liebe entstand. Da er wie alle Lebewesen grundsätzlich bisexuell war hatte er alle Möglichkeiten lustvolle und soziale Verbindungen herzustellen.

Sex und lustvolles Zusammensein wurden zu einem festen, untrennbaren Bestandteil des Zusammenlebens. Damit festigten wir soziale Beziehungen und bauten neue auf. Und das lebten wir lange Zeit frei und offen aus. Es handelte sich um dieses wunderbare Glück und es gab keine Regeln und Normen dabei. Es war ein Entwicklungsprozess, der auch durch die körperliche Entwicklung evolutionär unterstützt wurde, um sexuelle Gefühle immer stärker und vielfältiger erleben zu können.

Für die Evolution war das sinnvoll, denn es brachte unsere Entwicklung voran. Durch diese glückseligen, starken Gefühle stärkten wir unsere Bindungen und Beziehungen zu beiden Geschlechtern auf eine wunderbare, schöne und starke Art und Weise. Durch diese innere Zufriedenheit, die tiefsten Verbindungen mit anderen Menschen und die Stärkung von Körper und Seele, konnte sich unser Bewusstsein weiter entwickeln. Sex wurde zu einer treibenden Kraft in der Entwicklung des Menschen und der menschlichen Gesellschaft.

Mit dem Einzug der Religionen, die vor ca. 3.000 Jahren begann, wurde dieser Prozess unterbrochen und fehlgeleitet. Das hatte dramatische Folgen in unserer weiteren sexuellen Entwicklung und wirkte sich auch in unserer Bewusstseinsentwicklung, besonders in unserem sozialen Verhalten, negativ aus. Auch heute noch stehen wir stärker, als uns bewusst ist, unter diesem Einfluss.

Seien es die lustvollen Spiele der Kinder, die ersten sexuellen Erfahrungen der Jugendlichen auf alle möglichen Arten und Weisen, das lustvolle Erleben mit einem anderen Menschen außerhalb einer festen Bindung, die Selbstbefriedigung, das gleichgeschlechtliche sexuelle Erleben, das erotische Verhältnis zu Tieren und Bäumen. Vieles wird heute heimlich gemacht und erzeugt mehr oder weniger Schuldgefühle. Es hält uns von einer freien natürlichen Entwicklung der sexuellen Lust und den daraus folgenden vielfältigen und bereichernden sozialen Bindungen ab.

Das aber bestimmt unser Lebensgefühl und ist ein Garant für ein glückliches und erfülltes Leben. Eine Million Jahre Evolution ist nicht in 3.000 Jahren wegzuradieren. Wir Menschen tragen alles in uns und fühlen, was uns glücklich macht. Wir müssen es nur wieder frei tun und uns darüber freuen können.

Die Herauslösung des Menschen aus dem Fortpflanzungsprozess ist das Resultat der Evolution. Sie wird sich weiter entwickeln. Ein ganz natürlicher Entwicklungsprozess, der nachvollziehbar und logisch ist. Durch die Selbstbestimmung über seine Sexualität und der damit verbundenen sozialen Stabilität, vermehrte sich der Mensch, bis er den ganzen Planeten bevölkerte. Es wäre dabei nur eine Frage der Zeit, bis dieser Prozess kollabiert, wenn das so weiter gehen würde. Das Lösen der sexuellen Lusterfüllung aus der Fortpflanzung war auch deshalb notwendig, um das Bestehen der Menschen auf Dauer zu sichern. Der Sex bekam eine qualitativ höhere Funktion. Die Vielfalt in der Lusterfüllung, besonders die in der gleichgeschlechtlichen Liebe, war ein natürlicher Anstoß für die zukünftige Entwicklung des Menschen. Dadurch blieb die Geburtenrate Jahrtausende lang stabil. In der Steinzeit, also vor 10 000 Jahren, wurde die Anzahl der Menschen, die wahrscheinlich tausende von Jahren konstant war, noch auf 5 Millionen weltweit geschätzt. Dann aber kam die Religion und drehte diese Entwicklung der sexuellen Vielfalt wieder zurück. Sex war nur noch für die Fortpflanzung erlaubt und die Bevölkerung explodierte. Zuerst waren es vor drei Tausend Jahren die Juden, die diese Beschränkung einführten. Die Bevölkerungszahl stieg bis zur Zeitenwende auf 250 Millionen. In den ersten Jahrhunderten stieg sie dann nur langsam, was bis zum 18. Jahrhundert durch Krankheitsepidemien und Kriege zu erklären war. Pest, Hungersnöte und Kriege halbierten die Bevölkerungszahl in Europa oft wieder. Man kann auch annehmen die Mutter Erde wehrte sich gegen den Anstieg der Menschheit auf ihr, da sie sich mehr oder weniger immer parasitärer auf ihr bewegten. Dann aber stieg sie explosionsartig in die Höhe und von ca. einer Milliarde im 18. Jahrhundert auf ca. drei Milliarden 1950, obwohl auch dort zwei Weltkriege dazwischen lagen.

Natürlich ist der Anstieg der Bevölkerung nicht allein mit der Religion zu erklären. Viele Aspekte der gesellschaftlichen Entwicklung weltweit spielen dabei eine Rolle, auf die ich aber hier nicht eingehen kann. Ich betrachte hier nur, welchen Einfluss die Religion und die gesellschaftlichen Veränderungen auf die sexuelle Entwicklung des Menschen hatten. Im Jahr 1987 gab es 5 Milliarden Menschen auf der Erde. Im Jahr 2017 waren es 7,6 Milliarden und bis zum Jahr 2100 sagen die Prognosen

11,18 Milliarden voraus. Auch hier werden die Menschen Lösungen finden. Hinzu kommt, dass die Menschen immer älter werden. Aber wie lange geht das noch so weiter? Ohne das Eingreifen der Evolution wird das langfristig nicht möglich sein. Die Voraussetzungen hat sie schon vor dreihunderttausend Jahren geschaffen. Die sexuellen Gefühle werden sich weiter von dem Fortpflanzungstrieb entfernen. Sie werden sich zu etwas Höherem wandeln und lustvoll zu einer immer stärkeren sozialen Kraft werden und nicht in lebenslanger Monogamie und Beschränkung auf ein Geschlecht. Das sowohl in kurzzeitigen oder dauerhaften Zweierbeziehungen als auch in Gruppen.

Der sexuelle und soziale Evolutionsprozess wird weiter gehen. Und wenn wir ihm folgen, werden uns wunderbare Dinge erwarten, die wir uns heute noch nicht einmal vorstellen können. Auch in meiner Energiearbeit und bei der von mir entwickelten bioenergetischen Massage habe ich schon einen tieferen Einblick davon gewinnen können. Obwohl es dabei nicht um Sex ging, habe ich Feedbacks bekommen, die sehr hoffnungsvoll sind. Oft kamen danach spontane Ausrufe wie: „Das war besser als jeder Sex, den ich bisher erlebt habe." Oder: „So was habe ich noch nie erlebt."

Wie stark wäre erst die sexuelle Ekstase, wenn wir diese Energien und Gefühle, die anscheinend schon in uns sind, freisetzen könnten? Das zeigt mir, dass noch viel tiefere Gefühle des Glücks auf uns warten, um entdeckt und freigesetzt zu werden. Ja, die sich sicherlich evolutionär noch entwickeln, um unsere sozialen Beziehungen weiter zu stärken und zu intensivieren. Vielleicht sogar, irgendwann einmal, auf eine völlig neue und außerkörperliche Art und Weise. Auf dem Weg der glückseligen, ekstatischen und orgastischen Gefühle sie auch immer hervorgerufen werden, sie wird unser

Bewusstsein und unser sozialer Zusammenhalt wachsen lassen. Die Fortpflanzung wird dabei keine Rolle mehr spielen. Das lässt uns irgendwann einmal in eine qualitativ neue evolutionäre Phase eintreten. Ich bin überzeugt, das ist das Ziel der Evolution und die freie Entwicklung unserer wundervollen sexuellen Energie und Kraft sind ein entscheidender Schlüssel dazu. Deshalb gebe ich im nächsten Kapitel einige Anregungen wie wir unser Sexualleben lustvoller gestalten können.

14. Methoden zur erheblichen Luststeigerung und zur Behebung sexueller Probleme bei Jugendlichen und Erwachsenen

Die uns aufgezwungen Lebensweisen, aber auch der Stress in unserer Zeit, führen sehr häufig zu seelischen und körperlichen Problemen. Sie können unsere sexuelle Lust und deren Auslebung erheblich mindern oder stören. Immer mehr Menschen, jung wie alt, greifen deshalb zu Medikamenten, die das mindern oder gar beheben sollen. Das ist mittlerweile ein Milliardengeschäft. Allerdings haben diese Medikamente auch starke Nebenwirkungen und sind damit meistens nicht für ein erfülltes und vor allem gesundes Sexleben geeignet. Zumal es andere und zum Teil wirkungsvollere, natürliche Methoden gibt. In diesem Abschnitt stelle ich ihnen einige davon vor.

Der Vorteil dieser natürlichen Methoden liegt in ihrer ganzheitlichen Wirkung. Mit der Steigerung des Lustempfindens auf diese Weise, bauen sie gleichzeitig Stress ab, lösen seelische Blockaden auf und stärken den ganzen Körper. Dadurch wird dauerhaft und auf natürliche Weise Ihr Sexleben schöner und erfüllter.

14.1. Durch Selbstbefriedigung zum Ganzkörperorgasmus

Mit der Selbstbefriedigung können sie Selbsterfahrungen machen. Sie testen dabei, wie sie zu den größten Lustgefühlen kommen und ihr Orgasmus Erlebnis in wahrscheinlich bisher ungeahnte Höhen steigern.

Suchen Sie sich einen ungestörten ruhigen Platz dafür auf. Einen Ort an dem sie sich wohlfühlen. Nehmen Sie sich vor allem Zeit. Haben Sie wenig Zeit, dann lassen Sie es ganz, denn auf die Schnelle werden sie höchstens eine kurze Erleichterung finden, aber nicht in das glückseligmachende Reich der Lust aufsteigen, das Ihnen eine tiefe Befriedigung bringt. Schalten sie alles aus, was sie ablenkt, und konzentrieren Sie sich dann nur auf Ihren Körper und Ihre Gefühle.

Wenn Sie die richtigen Voraussetzungen geschaffen haben, entspannen Sie und stellen sich bewusst auf Ihren Körper und Ihre lustvollen Gefühle ein. Den meisten gelingt es am besten, wenn sie die Augen schließen. Dann beginnen Sie, Ihren Körper, besonders alle lustvollen Zonen an ihm, zu streicheln. Oft entdecken sie dabei Zonen, die sie vorher noch gar nicht bewusst wahrgenommen haben.

Jeder Mensch hat seine besonderen Lustzonen. Streicheln Sie Ihren Körper und finden Sie es heraus. Meist sind es die Ohren, der Hals, die Brustwarzen, der Bauch, die Innenseite der Oberschenkel, der Po, der Anus und unmittelbar das Geschlecht. Lassen Sie sich Zeit und genießen Sie jede lustvolle Stelle. Schließen Sie mit Ihren Streicheleinheiten Ihren ganzen Körper in ein einziges Lustfeld ein.

Wenn Ihnen das gelungen ist, dann beginnen Sie langsam, Ihre Erregung zu erhöhen, indem Sie Ihren Intimbereich stärker stimulieren. Auch hier gilt, der Weg ist das Ziel.

Genießen Sie diese Gefühle, die mit der Zeit immer intensiver werden. Fühlen Sie, wie diese wunderbaren Energien durch Ihren ganzen Körper strömen. Bleiben Sie dabei ganz entspannt und tun Sie es langsam, aber unaufhaltsam weiter, immer stärker und stärker. Genießen Sie diese unaufhörliche, aufsteigende Lust. Legen sie keine Pause dabei ein.

Fangen Sie an, voller Hingabe zu stöhnen. Sprechen Sie: „Oh, ist das schön, ja weiter, weiter!" Stimulieren Sie sich dabei langsam, aber ohne Unterbrechung. Es wird immer intensiver. Sie spüren, wie sich ein Orgasmus in Ihnen aufbaut. Sie fühlen es ganz intensiv. Sie spüren, wie dieses Gefühl langsam unaufhaltsam in die Höhe steigt und es ist kaum noch auszuhalten. Jetzt werden Sie mit Ihrer Stimulation noch langsamer, so dass Sie diesen Moment der höchsten Lust so lange wie möglich genießen können.

Dann aber explodiert es in Ihnen. Versuchen Sie dabei, Ihren Körper zu entspannen und sich fallen zu lassen. Durch einen entspannten Körper können so diese einmalig starken, unbeschreiblich schönen, orgastischen Gefühle tief hinein strömen. Spüren Sie es, wie diese ekstatischen Gefühle durch Ihren ganzen Körper fahren. Sie stöhnen dabei laut und dieses Stöhnen kommt ganz tief von innen aus Ihnen heraus. Wenn Sie es richtig gemacht haben, haben Sie gerade einen gewaltigen Ganzkörperorgasmus erlebt und finden eine tiefe, glückliche Zufriedenheit darin. Probieren Sie dabei auch mal verschiedene Körperstellungen aus! Ihrer Phantasie sind keine Grenzen gesetzt. In den meisten Fällen haben sich stark gespreizte Beine bei Frauen wie bei Männern bewährt. Tun sie es im Liegen und auch mal im Stehen. Beim Stehen lehnen Sie sich bequem mit einer Schulterseite an eine Wand. Stellen Sie dabei ein Bein auf einen Stuhl. So kommen Sie bequem an alle Ihre erogenen Zonen. Die beste Körperhaltung kann ihren Orgasmus noch mehr verstärken. Probieren Sie es einfach aus! Auf diese Art und Weise lernen Sie Ihren Körper und Ihr Orgasmus Verhalten immer besser kennen und beherrschen. Das können sie dann auch bei lustvollen Aktivitäten mit anderen nutzen, um so einen Ganzkörperorgasmus nach dem anderen zu erleben.

Durch die Herbeiführung dieses ruhigen gewaltigen Orgasmus lassen Männer ein Teil ihres Samens in sich und können so häufiger zu einem erneuten Höhepunkt kommen. Üben sie es. Es lohnt sich. Wenn Sie es dann zu zweit tun, sprechen Sie am Anfang ruhig darüber, was Sie wollen und wie, denn Sie haben es ja alles genau an sich erforscht. So können Sie Ihr Sexleben mitunter erheblich schöner und öfter gestalten.

Nicht zuletzt werden sie so mit einer größeren Menge von Glückshormonen überschüttet, die Ihrem Körper und Ihrer Seele guttun. Auch bei sexueller Lustlosigkeit und Frigidität können Sie so Ihr Lustempfinden wieder steigern. Dies gilt auch bei Orgasmus Schwierigkeiten.

14.2. Das erste Mal

Leider ist es beim ersten Mal für viele Jugendliche nicht so lustvoll, wie sie sich das vorgestellt haben. Sie sind enttäuscht und halten sich deshalb erst einmal für weitere Erlebnisse zurück. Meistens passierte das unter Alkohol- oder Drogeneinfluss. Da verlieren sie ihre Hemmungen. So wird gerade Alkohol bewusst dafür getrunken, lockerer zu werden. Aber das ist der falsche Weg. Geh diesen Schritt ganz ohne Eintrübung deines Bewusstseins. Tu es beim ersten Mal zu zweit mit einem Menschen, zu dem du dich hingezogen fühlst, den du richtig sexy findest, den du kennst und dem du vertraust. Die „große Liebe" muss es nicht unbedingt sein. Generell solltest du dich aber bei der Vereinigung mit Kondomen schützen. Also, Jungs und auch Mädchen, ausreichend Kondome einstecken! Schaff dir und deinem Partner dabei eine schöne Atmosphäre an einem Ort, wo ihr ungestört seid. Plane dabei viel Zeit ein. Wichtig ist immer das Vorspiel. Küssen, Umarmungen, Streicheln. Aber auch besonders die erotischen Körperteile sollen dabei so stark wie möglich stimuliert werden. Hab keine Scheu. Mit Sicherheit machst du den anderen glücklich damit. Vergiss dabei die alten Auffassungen von aktiv und passiv! Richtig schön wird es, wenn beide aktiv dabei sind. Mädchen sind dabei manchmal noch ängstlicher als Jungen. Das ist ganz natürlich, denn es passiert etwas Neues für sie. Falls sie noch Jungfrau sind, verlieren sie ihre Jungfräulichkeit. Das ist auch heute noch für viele ein einschneidendes Ereignis.

Öffne dich! Tu auch du das, was du dir vorher schon in deiner Phantasie vorgestellt hast. Schau dir die Nacktheit deines Partners an. Erforsche seinen Körper mit deinen Händen und mit Küssen. Sag dem Jungen, wozu du gerade Lust hast. Fordere ihn dazu auf, das zu tun, was du gerade möchtest. Das schafft Vertrauen und Sicherheit für beide. Frag danach, was der andere möchte und tue es dann mit viel Leidenschaft.

Jungen sind meist von Anfang an sehr erregt und haben Angst, vorzeitig zum Orgasmus zu kommen, was ja auch häufig passiert. Auch das ist ganz natürlich. Ist aber nicht schlimm. Im Gegenteil, das kann sehr vorteilhaft sein. Also unterdrück ihn nicht, sondern lass ihn voller Freude kommen. Nach diesem Orgasmus ist dein Körper voller Glückshormone. Mache einfach weiter mit den gegenseitigen Zärtlichkeiten. Das fühlt sich gut an. In den nächsten 10 bis 20 Minuten hast du in der Regel die nächste Erektion und kannst nun einen Schritt weiter gehen, wenn das Mädchen auch so weit ist und es nun unbedingt möchte. Dafür stimuliere vorher weiter ihre Lustpunkte und vor allem ihren Kitzler. Sie wird dann bereit sein und dich zum ersten Mal ganz in sich rein lassen. Tu das behutsam. Nach deinem ersten Orgasmus hast du deine Leidenschaft besser im Griff und kannst dich mehr auf die Lust deiner Partnerin einstellen.

Geh auch nicht gleich ganz rein. Sondern immer nur ein kleines Stück rein und raus. Das steigert die Lust des Mädchens. Als Mädchen solltest du jetzt auch aktiv werden. Wenn du merkst, dass du so weit bist, dann drücke dagegen und schiebe das Glied des Jungen selbst in dich weiter rein. Bestimme dann den Rhythmus mit deinen Bewegungen und zeige damit, wie es weiter gehen soll. Oder sage es dem Jungen: „Schneller, langsamer, tiefer, fester oder nicht so fest." Wenn du Lust darauf hast, drehe dich um und setze dich auf ihn. Dann kannst du das Geschehen ganz bestimmen. Dein Partner wird es lieben. Und wenn er will, dreht er dich nach einer Weile wieder auf den Rücken und du kannst dich ihm noch einmal ganz öffnen. Da er schon einen Orgasmus hatte, dauert es beim zweiten Mal in der

Regel länger, bis er wieder kommt und eine Pause braucht. Das ist schön so. Euer beider Lust kann sich dadurch schon beim ersten Mal voll entfalten. Auch als Mädchen kannst du so beim ersten Mal zu einem oder mehreren Orgasmen kommen.

Hört danach nicht gleich auf. Sondern küsst euch und gebt euch weiter Zärtlichkeiten. Eure Glückshormone fließen jetzt auf Hochtouren durch eure Körper. Mit weiteren Zärtlichkeiten und Stimulierungen könnt ihr die noch eine ganze Weile toben lassen. Falls ihr dann beide noch einmal große Lüste verspürt, haltet euch nicht zurück. Je intensiver und orgastischer das erste Mal ist, desto mehr Freude werdet ihr in Zukunft dabei haben. Streichelt den ganzen Körper des Partners zum Abschluss zärtlich und genießt dabei in eurer Phantasie noch einmal dieses wunderbare Erlebnis, welches euch gerade überwältigt hatte. Es ist ein Mythos, dass Jungs oder Männer nach dem Orgasmus immer gleich aufhören wollen. Auch sie können lernen, ihre Glücksgefühle danach noch weiter zu genießen. Wenn sie das gleich beim ersten Mal tun, dann klappt es auch weiterhin.

Das erste Mal mit dem gleichen Geschlecht

Das Gleiche gilt natürlich auch, wenn junge Menschen zum ersten Mal mit dem gleichen Geschlecht ein lustvolles Erlebnis haben. Auch hier ist das Vorspiel sehr wichtig. Bei Mädchen ist das nicht so schwierig. Küssen und zärtliche Berührungen fallen ihnen leichter. Mädchen kennen in der Regel ihre erotischen Stellen. Und der orgastische Akt kann auf verschiedene Art und Weise durchgeführt werden. Beispielsweise durch Reiben der Körper in einer Stellung, wo sie ihre gegenseitigen Lustpunkte gut erreichen. Dazu gibt es Zeichnungen, die tausende von Jahren alt sind. Aber auch gegenseitiges Streicheln oder Küssen mit der Zunge an den lustvollsten Stellen, wie die Brustwarzen und den Kitzler, können zum orgastischen Höhepunkt führen.

Auch hier gilt, hört nicht gleich auf, wenn ihr zum Höhepunkt gekommen seid, sondern tauscht danach auch noch Zärtlichkeiten miteinander aus. Dieses Spiel unter Mädchen empfinden die meisten oft sehr vertrauter. Sie können es so lange spielen, wie sie mögen, und müssen nicht auf den Orgasmus des Jungen Rücksicht nehmen, der schneller erfolgt und dann erstmal eine Weile Ruhe braucht. Mädchen brauchen diese Ruhe danach nicht. Deshalb empfinden sie es manchmal untereinander als sehr lustvoll. Es kann immer zu einem Orgasmus oder mehreren führen.

Jungs dagegen testen gleichgeschlechtlichen Sex häufig erst alleine an ihrem Anus aus. Das ist auch ganz normal. Die meisten Jungs empfinden es, wenn sie sich das vorstellen, als sehr aufregend. Das liegt, wie schon erklärt, wahrscheinlich in unseren Genen und ist deshalb ganz natürlich. Meistens aber testen sie es allein, ohne großes Vorspiel und Zärtlichkeit, mit ihren Finger oder anderen Gegenständen und sind dann enttäuscht. Auch hier ist ein Partner nötig, zu dem du Vertrauen haben kannst und eine Anziehung verspürst. Aber seid erst einmal zärtlich zueinander. Berührt und küsst euch. Ihr werdet sehr schnell merken, dass es auch mit einem Jungen sehr schön ist und euch erregt. Auch hier ist ein schneller Orgasmus kein Grund schon aufzuhören. Einfach weiter machen. Die Lust kommt schnell wieder.

Wenn du dann die „Blüte deines Leibes", um mit den Griechen zu sprechen, voller Lust anbieten oder einnehmen willst, dann ist es auch wichtig, die Vereinigung mit einem lustvollen Vorspiel vorzubereiten. Streichle und küsse die Blüte. Benutze beim ersten Mal etwas Öl oder Creme. Massiere diese Knospe zärtlich und leidenschaftlich ein. So wird sich dein Partner weiter öffnen. Wenn er sich weiter öffnet, gehe ruhig mit den Finger etwas hinein. Bald bemerkst du einen etwas härteren Punkt. Das ist die Prostata, die auch als G- Punkt des Mannes bezeichnet wird. Da reibst du dann zärtlich dran und dein Freund gerät in höchste Erregung. Warte, bis er dir sagt, dass du jetzt in ihn reingehen sollst.

Dann erst langsam und vorsichtig mit deinem harten Glied rein und raus, immer ein Stückchen tiefer. Auch hier gibt es kein aktiv und passiv. Beide können dabei den Rhythmus bestimmen. Das könnt ihr beim ersten Mal in der sogenannte „Hündchenstellung" am besten. Dabei hockt sich einer auf allen vieren vor den anderen. So werden, durch das Reiben des Lustpunktes an der Prostata mit dem erregten Glied, allmählich beide höchste Glücksgefühle erleben. Genau das Gleiche kann er danach mit dir tun. Auch hier sind Zärtlichkeiten danach und weitere Erforschungen des Körpers schön. Falls neue Lust dabei aufkommt, kann das ganze nach Belieben wiederholt und auch die Positionen können wieder gewechselt werden. Es ist nicht schlimm, wenn du es beim ersten Mal öfter tust und dich so richtig austobst. Plant also viel Zeit dafür ein und wählt einen ungestörten Ort dafür.

Noch einmal, Jungs oder Mädchen verlieren nicht gleich die Lust nur weil sie auch mit dem gleichen Geschlecht die schönsten Gefühle erleben können. Dabei spielt es auch keine Rolle, ob sie es öfter oder regelmäßig tun. Es sei denn, sie waren schon von vorneherein vorrangig oder ausschließlich auf das gleiche Geschlecht orientiert. Wenn nicht, bereichern sie damit nur ihr lustvolles, aufregendes Leben und verschaffen sich dabei stärkere soziale Verbindungen zu beiden Geschlechtern. Sex ist nichts, für das du dich schämen musst, sondern du solltest dich darüber freuen und es selbstbewusst erleben.

Wenn du willst, dann kannst du diese Möglichkeit ohne Hemmungen ausprobieren.

Alles ist zulässig und natürlich, sofern niemand dazu gezwungen wird oder durch Alkohol und Drogen gefügig gemacht wird.

Die größten Triebe hat der Mensch ungefähr zwischen 16 und 18 Jahren. Genießt also diese Lust in eurer Jugend. Es gibt euch einen ungeheuren Auftrieb. Ihr werden viel glücklicher und ausgeglichener sein. Nutzt dieses Glück in euch um auch eure anderen Ziele zu erreichen. Sei es in der Schule, im Studium oder Arbeit. Auch das wird euch dann viel leichter fallen.

14.3. Naturmittel zur Stärkung des Lustgefühls

Achten Sie auf eine gesunde Ernährung. Das schreibe ich hier nicht, weil es so vorgeschrieben ist, wenn man über natürliche Nährstoffe und ihre positive Wirkung schreibt, sondern weil ich selbst bei mir und meinen Klienten zu der Erkenntnis gekommen bin, dass es in unserer heutigen Zeit sehr wichtig ist, darauf zu achten. Und zwar nicht nur, welche Nahrung man zu sich nimmt, sondern man muss auch, auf die Qualität achtet. Mittlerweile wissen es ja alle schon, dass im billigen Fleisch, Obst und Gemüse nicht mehr viele Nährstoffe drin sind, wenn sie nicht sogar Giftstoffe enthalten.

Vermeiden Sie auch Süßes. In der Regel nehmen wir viel zu viel Zucker zu uns, was auch eine negative Wirkung auf unser Sexleben hat. Obwohl man Schokolade eine aphrodisierende Wirkung nachsagt und mir das auch schon öfter bestätigt wurde, essen Sie es mit Bedacht. Greifen Sie, wenn Sie mögen, zu herber Schokolade mit einem hohen Kakaogehalt. Der hat weniger Zucker und es ist sowieso der Kakao, der diese Wirkung hervorruft. Es gibt aber auch noch andere Nahrungsmittel mit dieser Wirkung. Wenn Sie auf Süßes nicht verzichten wollen, dann essen sie Obst. Die meisten Obstsorten sind potenzfördernd.

Anscheinend haben auch scharfe Gewürze wie Chili, eine potenzfördernde Wirkung.

Dazu möchte ich eine kleine Geschichte erzählen:

Als ich dienstlich in Asien war, wollte ich natürlich die abwechslungsreichen und leckeren Speisen kennenlernen, von denen ich schon viel gehört hatte. Die ersten Tage wurde ich ins Restaurant eingeladen. Das Essen war zwar immer sehr lecker, aber es unterschied sich nicht viel von meinem Lieblingsrestaurant in Deutschland. So äußerte ich den Wunsch, einmal die original asiatische Küche kennenlernen zu wollen. Sofort luden mich zwei

Männer dazu ein und führten mich in ihr Stammlokal. Eigentlich war es kein Lokal, sondern eher eine alte, große Garage. Dort standen Holzklappbänke und Tische. Ältere Frauen bereiteten das Essen in ausgebeulten Pfannen und Töpfen an einer Wand zu und boten es zum Kauf an.

Nachdem ich mir das Essen angesehen hatte, das dort der Reihe nach ausgelegt war, und an frittierten Käfern, Heuschrecken, Maden, Hühnerbeinen und noch anderem, undefinierbaren Essen vorbei gegangen war, sah ich dann etwas in einer roten Soße, das wie Hühnerfleisch aussah. Meine Begleiter bestätigten mir, dass es Hühnerfleisch war. So nahm ich davon eine Portion mit Reis. Tatsächlich lagen am Ende der Tafel Servietten. Sehr nobel, dachte ich. Da ich skeptisch schaute und nicht sicher war, dass es sich wirklich um Hühnerfleisch handelte, nahmen meine Begleiter auch davon, holten sich aber noch eine Tüte mit frittierten Käfern und Maden als Snack dazu. Als ich dann anfing zu essen, blieb mir der Mund offen. Es war unbeschreiblich scharf. Ich fing sofort an zu schwitzen. Nach dem dritten Bissen lief mir der Schweiß in Strömen über das Gesicht. Ich holte mir einen Packen Servietten, um mich ständig abwischen zu können. Meine Begleiter amüsierten sich köstlich. Viel konnte ich davon nicht essen und hielt mich nur noch an den Reis, der wirklich vorzüglich war.

Nachdem meine Begleiter mit dem Essen fertig waren, lachten sie sich an, sahen zu mir und zeigten nach unten. Ich sah, dass beide eine Erektion beim Essen bekommen hatten. Sofort protestierte ich und fragte, warum ich das nicht auch hatte. Sie lachten wieder und erklärten, dass es die Schärfe war, die das bewirkte. Das war dann auch logisch für mich. Die Schärfe brachte den Kreislauf richtig in Schwung und führte so zu einer Erektion. Nur konnte ich die scharfen Speisen nicht essen.

Am Nebentisch saßen drei ziemlich alte Männer. Ich fragte meine Begleiter, ob die auch eine Erektion beim Essen bekommen. Sie lächelten nur verschwitzt und zuckten mit den Schultern. Anscheinend wussten sie es auch nicht und ich traute mich nicht, zu ihnen zu gehen, um nachzusehen. Meine Begleiter forderten mich auf, mein Fleisch zu essen, damit ich auch eine Erektion bekäme. Das tat ich nicht, es war einfach zu scharf für mich und sagte stolz, wir Europäer bräuchten so etwas nicht. Wir hätten auch so viel Kraft und Ausdauer. Dann lachten wir alle drei.

Scharfe Gewürze wie Chili und Ähnliches sind sicherlich auch potenzfördernd. Will man aber eine sofortige Wirkung, muss man extrem viel Scharfes essen. Das habe ich damals gelernt. Wer sich für aphrodisierende Speisen und Getränke interessiert, der findet im Internet unzählige Seiten darüber. Aber Vorsicht: Nicht alles stimmt, was dort steht und manches ist auch nicht ganz ungefährlich. Ich möchte an dieser Stelle die Stoffe vorstellen, mit denen ich bei meinen Klienten und teilweise auch bei mir gute Erfahrungen gemacht habe.

<u>Ginseng</u>

Ginseng wird manchmal als potenzfördernde Pflanze angeboten, hat aber noch viele andere Wirkungen auf den ganzen Körper und trägt deshalb allgemein dazu bei, den Alterungsprozess zu verlangsamen. Keine andere Pflanze wurde so gründlich getestet und untersucht wie diese. Ihre positive Wirkung in vielerlei Hinsicht wurde nachgewiesen. Bei vielen meiner Klienten hatte die Einnahme von Ginseng eine positive Wirkung auf die Potenz. Durch die allgemeine Stärkung des Körpers, die Steigerung der Energie und des Wohlbefindens ist anzunehmen, dass es auch bei Frauen eine positive Wirkung auf ihr Lustempfinden haben kann.

Achten Sie aber darauf, dass dabei die Menge der Ginsengoide standardisiert angegeben ist. Es sollten mindestens 50mg pro Kapsel drin sein. Davon können sie dann ein bis zwei am Tag nehmen. Auch sollte es Roter Panax Ginseng sein. Das ist der Wirkungsvollste und kommt aus Asien, am sichersten aus Korea. Über das breite

Wirkungsspektrum von Ginseng gibt es im Internet viele gesicherte und seriöse Berichte. Wenn Sie wollen, können Sie sich dort informieren.

Bitte beachten Sie auch, dass es sich hier um eine Naturpflanze handelt und nicht um ein Medikament. Es braucht also eine gewisse Zeit, um zu wirken. Rechnen Sie mit zwei bis vier Wochen, bevor eine Wirkung einsetzt. Auf jeden Fall wirkt es aber schon am ersten Tag positiv auf Sie. Bei jungen Menschen wirkt es allerdings manchmal schon nach zwei bis drei Tagen mit teilweise durchschlagendem Erfolg auf ihr Erektionsverhalten. Junge Menschen sollten deshalb Ginseng nicht ständig nehmen, sondern nach drei bis sechs Monaten immer mal zwei bis drei Monate damit aussetzen. Keine Angst, die Wirkung bleibt.

<u>Ginko</u>

Ginko macht das Blut fließfähiger. Die Durchblutung des Körpers verbessert sich, was für Lustempfinden und Erektion positiv sein kann. Besonders verstärkt es die Potenzförderung bei der gleichzeitigen Einnahme von Ginseng.

In der Medizin wird Ginko für die Verbesserung der Gehirnleistung eingesetzt. Hier wird ausschließlich Ginko Biloba verwendet. Es kann auch altersbedingte Degenerationskrankheiten im Gehirn herauszögern oder verhindern. Dazu gibt es ausreichend viele Untersuchungen. Auch bei Ohrensausen wird es medizinisch angewandt. Es hat aber auch eine starke antioxidative Wirkung. Das heißt, es bekämpft aggressive Moleküle, die Ihre Körperzellen angreifen und zerstören können. Ginkgo hilft weiterhin bei Kopfschmerz und Tinnitus, bei Potenzstörungen und Asthma, bei Durchblutungsstörungen und Arteriosklerose.

Weitere Informationen erhalten Sie unter: https://www.ginkgo-ratgeber.info/

Achten Sie darauf, dass im Präparat eine standardisierte Menge von Ginkgo-Flavonglycoside enthalten ist. 120 mg Ginko Extrakt sollten mindestens 24% davon enthalten. Diese Dosis einmal am Tag sollte reichen. Bei höheren Dosen, zum Beispiel zur Hinauszögerung von Degenerationskrankheiten, sollten Sie vorher einen Arzt konsultieren. Auf dem Markt gibt es sehr viele Angebote. Vergleichen Sie die angebotene Qualität mit dem Preis. Für junge Menschen gilt auch hier wieder, immer mal für zwei, drei Monate auszusetzen.

Omega 3

Omega 3 Fettsäuren sind am häufigsten in Fischölkapseln zu finden. Für Vegetarier gibt es sie aber auch auf pflanzlicher Basis. Obwohl sie bei vielen Beschwerden empfohlen werden, ist der Hinweis auf eine Potenzförderung nicht direkt aufgeführt. Diese Wirkung habe ich aber bei meinen Klienten sehr häufig feststellen können, und zwar spürbar. Es lohnt sich, es zu testen. Auch Omega 3 Fettsäuren haben sehr vielfältige positive Wirkungen. Praktisch jeder Bereich Ihres Körpers benötigt Substanzen, die auf eine ausreichende Versorgung mit Omega 3 Fettsäuren angewiesen sind.

Achten Sie darauf, dass Sie eine Menge von EPA und DHA von insgesamt mindestens 1000 mg am Tag einnehmen, damit es umfassand wirkt. Alleine „1000 mg Omega 3 Fettsäuren" reicht nicht. Die Angabe von EPH und DHA muss auf der Packung angegeben sein. Wenn es nach ein paar Wochen nicht wirkt, versuchen Sie es mit einem anderen Anbieter. Es ist verblüffend, wie unterschiedlich diese Präparate bei gleicher Inhaltsangabe wirken. Wahrscheinlich gibt es da große Qualitätsunterschiede.

Fischölkapseln sind in niedrigerer Dosierung auch für Kinder und während der Schwangerschaft geeignet.

Jugendliche sollten sie dauerhaft nehmen. Es sei denn, es hat eine zu starke potenzfördernde Wirkung. Ich hatte einen jungen Mann, der dadurch ständig eine Erektion hatte. Der hatte es dann abgesetzt und später mit einer niedrigeren Dosis erfolgreich weiter fortgeführt. Bei unserer heutigen Ernährung ist es kaum möglich, eine ausreichende Menge Omega 3 aufzunehmen.

Mit diesen Naturmitteln können Sie Ihre Potenz und Ihr sexuelles Lustempfinden unter Umständen stark verbessern. Oft wird auch von einem intensiveren Orgasmus Erlebnis bei Frauen und bei Männern berichtet. Der größte Vorteil ist dabei, dass Sie gleichzeitig Ihren ganzen Körper und Geist stärken. Das heißt, Sie haben eine dauerhafte natürliche Wirkung und wahrscheinlich auch ein längeres erfülltes Sexleben vor sich.

Guter Sex braucht einen gesunden Körper. Durch unsere mangelhafte Ernährung, die auf unseren Ernährungsgewohnheiten, aber auch auf der Verschlechterung der Nahrungsmittel beruht, empfehle ich ein gutes, allumfassendes Spektrum an Nährstoffen, in Form eines Multipräparats zusätzlich einzunehmen. Davon gibt es unendlich viele auf dem Markt und viele sind so gut wie wirkungslos. Deshalb hier einige Tipps, wie Sie ein gutes Präparat erkennen.

<u>Welche besonderen Inhaltsstoffe, neben den üblichen Vitaminen und Mineralstoffen, sollten Sie in einem Multipräparat finden?</u>

Es sollte eine ausreichende Menge an Vitamin C beinhalten. Ich nehme eins mit 500 mg Vitamin C.

Natürliches Vitamin E mindestens 100 IE

Es sollte genug D3 drin sein. Mindestens 1000 IE

Alle Vitamin B Komplexe sollten um ein mehrfaches höher sein als die Mindestdosis.

Zink mindestens 15 mg in Form von Zinkglukomat.

Chrom mindestens 200 mcg in Form von Chrompicolinat.
Folsäure mindestens 400 mcg
Wenn Sie darauf achten, dann haben Sie ein gutes
Multipräparat. Meist sind dort auch Kalzium und
Magnesium drin. Die Dosierung muss aber nicht 100 % des
Tagesbedarfs betragen, da Sie das auch gut mit einer
ausgewogenen Ernährung bekommen. Auch Eisen ist nicht
notwendig, unter Umständen sogar schädlich, wenn sie
nicht unter Eisenmangel leiden.

14.4. Suggestives Programmieren auf spürbaren Lustzuwachs. Auch bei sexuellen Störungen.

Falsche Glaubenssätze und Blockaden, die aus Erlebnissen entstanden sind, wurden teilweise fest in Ihr Tiefenbewusstsein transportiert. Unbewusst beeinflussen sie Ihre Gefühle und Entscheidungen. Manchmal auch Ihren Körper. In Bezug auf Ihre sexuelle Entfaltung und Erfüllung kann das sehr negative Auswirkungen haben, die Sie nicht allein mit Ihrem Denken verändern können. Sie müssen dazu selbst in Ihr Tiefenbewusstsein gehen. Um das richtig machen zu können, müssen einige Regeln eingehalten werden. Dafür habe ich verschiedene Hypnosen entwickelt, von denen ich Ihnen eine zur Anwendung für die Selbsthypnose vorstellen möchte. In meinem Buch „Werde zum Schöpfer deines Lebens" habe ich zur Selbsthypnose schon ausführliche Erklärung abgegeben. In diesem Buch ist es aber notwendig, dass ich noch einmal einiges dazu wiederhole.

Es gibt viele Wege, um in eine Hypnose zu kommen. Ich beschreibe Ihnen hier einen Weg in die Hypnose, wie ich ihn schon hundertfach angewandt habe und wie er auch für die Selbsthypnose gleichermaßen funktioniert.

Wie schnell man dann in die Hypnose kommt, ist sehr unterschiedlich. Gerade in der Selbsthypnose kann etwas Übung erforderlich sein. Obwohl jeder in der Lage ist zu visualisieren, fällt es doch einigen schwer, das bewusst zu tun. Das erfordert einfach nur ein wenig Übung. Wenn Sie Profi geworden sind, und ich habe keinen Zweifel daran, dass auch Sie es werden können, brauchen Sie dafür oft nur noch ein paar Sekunden und müssen diesen Weg, den ich Ihnen später beschreibe, nicht mehr benutzen.

Der Ort für Ihre Suggestion

Suchen Sie sich einen Ort für die Selbsthypnose aus, an dem Sie sich wohlfühlen. Viele bevorzugen ein ruhiges Zimmer, in dem sie sich geborgen und sicher fühlen. Ein Raum, vielleicht mit Gegenständen, die Ihnen viel bedeuten. Ein Raum, in dem Sie viele positive Energien spüren. Dieser Raum muss nicht unbedingt dunkel sein. Im Gegenteil, meist ist es angenehmer, in einem lichtdurchfluteten Raum zu sein. Andere bevorzugen einen Raum im Freien. Hier fühlen sie sich frei und können am besten entspannen. Testen Sie es, je nach Möglichkeit.

In meinem Coaching-Raum habe ich besonderen Wert auf Farben, Bilder und Energiesymbole gelegt. Mit viel Licht, Holz und angenehmen Gerüchen.

Die Körperstellung in der Suggestion

Nehmen Sie eine Haltung ein, in der Sie sich völlig entspannt fühlen. Denken Sie bitte daran, dass Sie diese Stellung für eine längere Zeit beibehalten müssen, ohne dass es dann drückt oder unangenehm wird. Viele verschränken die Arme hinter dem Kopf oder legen sie auf die Brust, wenn sie auf dem Rücken liegen. Das wird auf die Dauer in einer tiefen Entspannung unangenehm. Legen Sie die Arme am besten an die Seite. Sorgen Sie auch dafür, dass Sie dabei nicht frieren. Auch wenn es Ihnen am Anfang nicht notwendig erscheint, decken Sie sich zu. Einige fühlen sich entspannter in einem Sessel. Testen Sie es einfach für sich. Später können Sie dann die Selbsthypnose einfach in jeder beliebigen Stellung durchführen.

In meinem Coaching-Raum benutze ich eine verstellbare, sehr weiche Massagebank. Hier kann ich die Liegeposition individuell einstellen.

Weitere Umweltfaktoren bei der Suggestion

In der Regel sollte es ein ruhiger Raum sein. Vermeiden Sie störende Geräusche von außen. Mit immer mehr Übung wird es Sie aber nicht mehr stören und Sie können auch so tief entspannen. Geben Sie Ihrem Raum gute Düfte, die Ihnen gefallen. Oft werden über MP3 und CD Klänge zur Unterstützung der Hypnose angeboten. Testen Sie, ob Ihnen diese hilfreich erscheinen. Für Gespräche, die wir in der Selbsthypnose (wie unten besprochen) mit uns selbst führen, wird es in der Regel störend sein.

Der richtige Zeitpunkt der Suggestion

Für die Selbsthypnose empfehle ich, einen Zeitpunkt zu wählen, in dem Sie wach und ausgeruht sind. In der Regel ist das am Morgen nach dem Waschen und vor dem Frühstück. So gehen Sie entspannt und mit neuer Energie in den Tag. Diese morgendliche Hypnose muss nicht lange dauern. Vielleicht 15 bis 20 Minuten. Später reichen auch schon 5 bis 10 Minuten. Führen Sie dies nach Möglichkeit eine Zeitlang zwei bis dreimal wöchentlich durch. Nehmen Sie sich die Zeit dafür.

Sie werden merken, es lohnt sich. Sie finden in der Hypnose schnell Ihre Rituale, die Ihnen helfen, ohne weiteren Zeitaufwand in Ihr Tiefenbewusstsein zu tauchen.

Bei der Bewältigung von größeren Problemen benötigen Sie am Anfang mehr Zeit. Falls Sie am Morgen dafür die Zeit nicht aufbringen können, müssen Sie sich eine andere Zeit suchen. In diesem Fall ist es wichtig, ohne Zeitdruck in die Hypnose zu gehen. Sie sollten aber auch da nicht müde sein, sonst schlafen Sie ein.

Wenn ich in meiner Coaching-Praxis bemerke, dass ein Klient müde ist, mache ich mit ihm ein paar energetische Körperübungen, um ihn wieder zu beleben. Zum Beispiel lasse ich ihn ein paar Minuten ganz locker die Hüfte schwenkend im Raum herumlaufen. Das können Sie zu Hause auch tun.

Wenn Sie alles soweit vorbereitet haben, dann können Sie mit der Entspannung beginnen:

In die Selbsthypnose gehen

Legen Sie sich entspannt hin und schließen Sie Ihre Augen. Positionieren Sie Ihre Arme locker neben Ihrem Körper, atmen Sie ganz ruhig ein und aus. Achten Sie darauf, dass Sie mit jedem Ausatmen immer schwerer werden und immer tiefer nach unten sinken. Sagen Sie sich in Gedanken: „Je tiefer ich sinke, desto wohler und entspannter fühle ich mich."

Sie werden fühlen, wie Sie dabei immer entspannter werden.

Versetzen Sie sich jetzt in Gedanken an einen Ort, den Sie kennen, an dem Sie sehr glücklich sind und sich besonders wohl und sicher fühlen. Es darf auch ein Phantasieort sein. Je unrealistischer der Ort ist, an dem Sie sich wohlfühlen, umso tiefer gehen Sie in die Hypnose. Es sollte aber nur ein Ort sein, an den Sie bei jeder weiteren Hypnose gerne zurückkommen.

Versuchen Sie, diesen Ort vor sich zu sehen wie in einem Traum. Schauen Sie sich um, die Konturen werden langsam immer deutlicher. Sie hören vielleicht Vögel und riechen Blumen. Manchmal hilft es, wenn man vorher auf einem Bild einen schönen Ort anschaut oder an einer Blume oder Parfüm riecht. Entspannen Sie sich. Sie befinden sich jetzt in einer anderen, geistigen Welt oder, wenn Sie so wollen, in Ihrer Traumwelt und dort ist alles möglich.

Im Tiefenbewusstsein ankommen

Sie sehen an diesem Ort eine bequeme breite Liege. Sie gehen zu dieser Liege und legen sich darauf. Sie ist ganz weich und bequem. Sie liegen jetzt auf dieser weichen bequemen Liege mitten in Ihrem Lieblingsort. Das fühlt sich wunderbar an. Sie fühlen sich frei und sicher.

Mit dieser Liege fahren Sie nun ganz langsam und ruhig immer tiefer nach unten. Je tiefer Sie sinken, umso freier und sicherer fühlen Sie sich. Immer tiefer nach unten. Sie passieren ein unsichtbares Tor. Sie fühlen dabei einen kleinen, aber angenehmen Widerstand und dann sinken Sie noch einmal ganz tief. Das ist angenehm. Jetzt befinden Sie sich in einem hellen, schönen Gang. Es ist der Gang Ihres Tiefenbewusstseins. Sie gehen den Gang entlang. Rechts befinden sich lauter Türen. Sie gehen an den Türen vorbei. Je weiter Sie gehen, desto besser fühlen Sie sich. Jetzt bleiben Sie an einer Tür stehen. Sie drehen sich zu dieser Tür und sehen darauf ein Schild. Auf diesem Schild steht „Raum der Gefühle". Sie lesen es noch einmal: „Raum der Gefühle."

Sie öffnen diese Tür und stehen auf einer Sommerwiese, stehen im grünen Gras und sehen die bunten Blumen. Rote Mohnblumen, blaue Glockenblumen, gelbe Butterblumen. Sie sehen, wie bunte Schmetterlinge über die Wiese flattern. Sie stehen mitten auf der Wiese und atmen die frische, sauerstoffreiche Luft. Sie fühlen sich unendlich frei und glücklich.

Jetzt schauen Sie sich um. Sie blicken über die Wiese und sehen mitten auf der Wiese einen großen einzelnen Baum stehen. Es ist Ihr Lebensbaum mit einem dicken Stamm und einer grünen Blätterkrone. Sie gehen zu diesem Baum und umarmen den großen Stamm. Sie drücken Ihren ganzen Körper fest an den Stamm und spüren ein leichtes Vibrieren. Sie fühlen Ihre Lebensenergie. Diese Energie geht jetzt in Ihren Körper. Sie spüren angenehme Wärme, die sich in Ihrem ganzen Körper ausbreitet. Sie spüren ein angenehmes leichtes Kribbeln in Ihrem ganzen Körper. Sie spüren die Energie, die Ihren Körper stärkt. Das fühlt sich gut an. Sie fühlen sich jetzt stark und frei. Nun lösen Sie sich von Ihrem Baum und sind im Tiefenbewusstsein angekommen.

Jetzt können Sie einfach loslassen. Lassen Sie Personen, Glaubenssätze, Vorurteile und vieles mehr los. Denken Sie auch an Menschen, mit denen Sie kein gutes Verhältnis haben.

Dann sagen Sie folgende Sätze:
1. Ich verzeihe dir.
2. Ich segne dich.
3. Ich liebe dich und lasse los.

Zu 1. Das Verzeihen steht an erster Stelle, denn nur so kann man wirklich jemanden oder etwas loslassen. Anders gesagt, wenn ich noch einen Groll gegen jemanden habe, der mir Unrecht angetan hat oder mich wütend oder traurig gemacht hat, dann trage ich das auch weiter mit mir herum. Ich muss dem anderen verzeihen und damit meine negativen Gefühle, die mich nur von meinem Glück abhalten, loswerden.

Zu 2. Mit dem Segnen empfindet man selbst die Macht, jemanden oder etwas segnen zu können. Man fühlt sich als Schöpfer. Das tut gut. Sie müssen nicht gläubig sein, um jemanden segnen zu können. Sie müssen es nur tun. Das ist kein Privileg einer Religion, das kann jeder. Jeder ist ein Teil der Schöpfung und kann segnen, wen er will. Auch Vorurteile und falsche Glaubenssätze waren ja bisher ein Teil von Ihnen. Also segnen Sie die auch.

Ich segne dich im Namen der Schöpfung, aus der wir beide sind. Alles ist miteinander verbunden. Wenn ich dich segne,

segne ich damit die Schöpfung und mich selbst. Fühlen Sie, welche enorm positive Kraft dahintersteckt?

Zu 3. Wenn Sie jemanden, der sich von Ihnen getrennt hat, immer noch lieben, dann sollten Sie das auch sagen und nicht lügen. Trotzdem lässt man den anderen los und übergibt ihn dem Universum. Wenn Sie beide wirklich zusammengehören, dann können Sie sich nur neu finden, wenn Sie erst einmal loslassen. Wenn Sie nicht zusammengehören, dann haben Sie losgelassen, fühlen sich selbst frei, sind offen für andere Menschen und auch für die Liebe.

Wenn Sie genug Übung haben, können Sie diesen Weg abkürzen und sich gleich auf die Wiese zu Ihrem Lebensbaum begeben. Falls Sie es ausprobieren und merken, dass es doch noch nicht so richtig klappt, verlängern Sie den Weg wieder. Setzen Sie sich nicht unter Druck. Es ist nur eine Frage der Zeit ohne Zwang. Beginnen Sie aber immer auf der Wiese und umarmen Sie Ihren Lebensbaum. Fühlen Sie die Energie und laden Sie sich damit auf. Das ist die Voraussetzung für das Gelingen aller weiteren Schritte.

Von diesem Standort aus können Sie nun Ihr Anliegen in Ihr Tiefenbewusstsein übermitteln und schnell und unverfälscht das universelle Bewusstsein erreichen.

Es gibt noch eine zweite Möglichkeit, die für einige besonders hilfreich ist. Diese möchte ich Ihnen vorstellen. Probieren Sie es einfach aus, was für Sie das Beste ist.

Hier also eine weitere Ausbaumöglichkeit:

Nachdem Sie bei Ihrem Lebensbaum Energie aufgenommen haben und in Ihrem Tiefenbewusstsein angekommen sind, treffen Sie auf der Wiese einen Begleiter. Einen Engel oder einen Menschen, den Sie sich ausgedacht haben, einen Menschen aus der Vergangenheit, der Ihnen sehr wichtig ist, oder einen Menschen, dessen

Körper schon gestorben ist und den Sie kennen oder den Sie verehren. Das kann auch eine große Persönlichkeit aus der Geschichte sein. Spirituelle Menschen können auch ihr Krafttier dazu nehmen. Egal, es ist auf jeden Fall ein Begleiter aus Ihrem Tiefenbewusstsein.

Also ein direkter Kontakt. Dieses Wesen begleitet Sie auf Ihrer Reise durch Ihr Tiefenbewusstsein und Ihre Wünsche. Es schaut Ihnen vielleicht nur freundlich und zuversichtlich zu, zeigt Ihnen Bilder oder Sie können sich mit ihm unterhalten. Versuchen Sie es.

Kommen wir nun zu Ihrem Wunsch nach einem erfüllten sexuell lustvollen Leben.

<u>Durchführung der Selbstsuggestion</u>

„Gehen Sie wie gewohnt in die Entspannung und dann in Ihr Tiefenbewusstsein."

Am Anfang ist es hilfreich, die dafür beschrieben drei Etappen zu benutzen. Also das entspannte Ein- und Ausatmen, das Sie immer tiefer in die Entspannung führt. Ihr Lieblingsort, an dem Sie beginnen zu visualisieren und zu fühlen. Die Liege, die Sie wie einen Fahrstuhl weiter nach unten in Ihr Tiefenbewusstsein bringt. Schließlich die Umarmung Ihres Lebensbaumes, welche Sie emotional mit dem Tiefenbewusstsein verbindet.

Danach stehen Sie an Ihrem Lebensbaum auf der Wiese und sehen Ihren Begleiter. Sie empfinden eine große Freude dabei. Gehen Sie zu ihm und umarmen Sie ihn glücklich bei der Begrüßung. Ihr Begleiter ist das Symbol Ihres Tiefenbewusstseins und so sollten Sie es empfinden. Damit haben Sie direkten Kontakt aufgenommen. Bei allem was jetzt passiert, werden Sie vom Tiefenbewusstsein begleitet und gestärkt.

Ihr Begleiter tritt von hinten in Ihren Körper ein und erfüllt ihn mit Wärme und Energie. Er befindet sich jetzt im

Körper. Sie spüren ihn in sich. Sie spüren seine Energie. Es fühlt sich sehr gut und vertraut an. Sie spüren, wie diese Energie jede einzelne Zelle in Ihrem Körper stärkt. Dabei fühlen Sie es, beginnend von den Füßen immer weiter nach oben. Es ist warm und angenehm. Falls Sie gesundheitliche Probleme haben, wird es an dieser Stelle sehr warm. Diese Wärme verweilt eine kurze Zeit an dieser Stelle, bis Sie sich richtig gut fühlen. Danach geht es weiter. Manchmal wird es auch wärmer, dort wo Sie noch kein Problem verspüren. Aber Sie lassen es zu und genießen diese wunderbare intime Vereinigung mit Ihrem Begleiter. Sie spüren die heilende und lustvolle Energie. Ihr Begleiter verlässt Ihren Körper wieder, diesmal vorne. Sie sind voller Glück und Liebe. Sie umarmen ihn und er Sie. Sie bedanken sich bei ihm für diese wundervolle Stärkung Ihres Körpers und Ihrer Gefühle.

Es ist eine gezielte Aktivierung Ihres Körpers durch Ihr Tiefenbewusstsein und die Sprache der Gefühle. Lassen Sie Ihren Begleiter immer von hinten eintreten und von vorne wieder austreten. Es hat sich gezeigt, dass so der Prozess im Körper und das anschließende Resultat besser nachempfunden und gefühlt werden kann.

Diesen Vorgang der Stärkung oder Heilung können Sie auch separat durchführen. Wenn Sie gelernt haben, schnell in Ihr Tiefenbewusstsein zu gehen, können Sie es jederzeit auch nur für ein oder zwei Minuten anwenden. LSSEN SIE IHREN Helfer einfach in sich rein. egal wo sie sich gerade befinden. Es wirkt besser als jeder Energiedrink oder so manche Medizin. Vergessen Sie aber zum Schluss nie die Dankbarkeit. Dadurch fühlen Sie sich mit Ihrem Tiefenbewusstsein verbunden und die Übung verfehlt ihre Wirkung nicht.

Als Nächstes gehen Sie Hand in Hand mit Ihrem Begleiter über die Wiese zu einem Lichtstrahl, der senkrecht von oben auf die Wiese trifft. Er ist so groß, dass Sie sich hineinlegen können. Ihr Begleiter fordert Sie auf, sich hineinzulegen, was Sie auch tun. Sie sind ganz vom Licht eingehüllt und fühlen sich sicher. Jetzt bemerken Sie, wie sie anfangen, im Lichtstrahl langsam nach oben zu schweben. Sie schauen nach unten und sehen, wie sich die Wiese langsam immer weiter von Ihnen entfernt. Sie fühlen sich ganz geborgen und sicher in diesem Strahl.

Nun sehen Sie, wie Schatten nach unten sinken auf die Wiese. Dort lösen Sie sich auf. Jetzt bemerken Sie, dass diese Schatten aus Ihrem Rücken kommen. Sie beobachten nun, wie Sie sich aus Ihrem Rücken lösen. Jedes Mal, wenn sich ein Schatten aus Ihrem Rücken löst, fühlen Sie ein leichtes Kribbeln und danach fühlen Sie sich gut. Immer besser und leichter, mit jedem Schatten, der sich löst. Bis alle aus Ihnen herausgekommen sind und nach unten schweben, wo diese sich auflösen. Jetzt schauen Sie wieder nach oben und sehen ein großes Licht am Ende des Strahls. Sie kommen immer näher und das Licht wird immer größer. Je näher Sie kommen, umso glücklicher fühlen Sie sich. Sie haben den unwiderstehlichen Drang in dieses Licht einzutauchen.

Jeder Mensch hat unverarbeitete hemmende Erlebnisse, die ihm bewusst sind oder die er schnell in seinem Tiefenbewusstsein versteckt hat, um sich nicht mehr daran erinnern zu müssen. Alle diese Erlebnisse bauen mehr oder weniger Blockaden auf. Diese Blockaden müssen gelöst werden, um optimal in die befreite Lusterfüllung einzutreten. Licht ist positive Energie. Darin lösen sich nun diese bewussten und unbewussten Blockaden in Form von Schatten auf. Es ist notwendig, dass Sie diese Schatten nicht nur sehen, sondern fühlen, wie sie sich von Ihnen lösen, damit es Ihnen immer besser geht. Dabei befreien Sie sich von Ihren Blockaden, die zu Ängsten, Vorurteilen oder falschen Glaubenssätzen führen und ihre Lusterfüllung negativ beeinflussen, wenn nicht sogar verhindern. Es wird Ihnen in kurzer Zeit leichter fallen, alles das loszulassen. Nehmen Sie diesen Weg deshalb ernst.

Dann kommen Sie ins Licht und merken, wie sich Ihr Körper selbst in Licht und Energie umwandelt. Ihr Körper besteht nur noch aus Licht und Energie. Sie fühlen sich vollkommen frei. Dort im Licht sehen Sie wieder Ihren Begleiter, der ebenfalls ein Energiekörper geworden ist. Sie gehen zu ihm. Er nimmt Sie an die Hand und führt Sie durch eine Tür auf einen großen Balkon. Sie sehen das ganze Universum. Die Sterne und Lichtnebel, Planeten und vieles mehr. Es ist ein überwältigender Anblick. Sie fühlen sich vollkommen frei. Sie stehen nun mit Ihrem Begleiter als Lichtwesen auf dem großen Balkon des Universums.
Ihr Begleiter führt Sie zum Rand des Balkons. Sie schauen nach oben auf das Universum und sehen in der Mitte ein besonders helles Licht, welches sich Ihnen nähert. Dieses Licht kommt zu Ihnen und hüllt Sie ganz ein. Jetzt haben Sie den tiefsten Kontakt zu Ihrem Tiefenbewusstsein und darüber hinaus. Nach dem Sie Ihren Körper im Lichtstrahl vollkommen gereinigt haben, können Sie Ihre Körperlichkeit auflösen und zu reinem Licht und Energie werden. Sie fühlen sich frei. Damit verlassen Sie für einige Zeit die materielle Welt und können nun direkt ins universelle Bewusstsein eintauchen. Sie werden von diesem Licht vollkommen erfasst, und es fühlt sich unsagbar gut an. Plötzlich stehen Sie an einer Weggabelung. Der Weg ist breit und gerade. Dort steht ein Schild, auf dem steht „Rentnerweg." Auf dem zweiten Weg, der bergauf führt, sehen Sie ein Schild. Darauf steht „Weg der Lust". Das ist interessant, und Sie gehen diesen Weg voller freudiger Erwartungen. Sie fühlen diese Freude, die in Ihnen hochkommt, und Sie fühlen sich top fit. Sie gehen ein Stück

bergauf und merken, wie gut Sie sich bei dieser leichten körperlichen Anstrengung fühlen. Sie schaffen es ohne große Anstrengung und das ist ein gutes Gefühl. Plötzlich kommen Sie an einer traumhaften Wiese an. Sie ist voller bunter Glockenblumen. Sie hören die Vögel, die in uralten, kerngesunden Bäumen am Rande der Wiese sitzen und melodisch zwitschern. Die Schmetterlinge fliegen um Sie herum. Einer setzt sich auf Ihren Arm. Es ist ein großer, wunderschöner Schmetterling. Er breitet seine Flügel aus und fliegt davon. Sie folgen ihm mit Ihren Blicken und sehen, wie er auf einer weißen Liege, die da mitten auf der Wiese steht, landet. Dort flattert er mit den Flügeln, als ob er Sie rufen will. Sie folgen dem Ruf des Schmetterlings voller Neugierde. Sie gehen langsam zur Liege. Dort sehen Sie ein Schild. Auf diesem Schild steht: „Liege der Lust".

Sie sind neugierig und spüren ein angenehmes Kribbeln im Bauch. Automatisch zieht es Sie jetzt auf die Liege. Sie legen sich drauf und machen es sich ganz bequem. Plötzlich merken Sie, wie Sie schwerer werden und Ihr Körper völlig entspannt leicht in die weiche Liege einsinkt. Sie durchströmt ein wohliges warmes Gefühl. Sie fühlen sich wohl und total geborgen. Angenehme Wärme strömt in Ihren Körper. Sie fühlen es am Rücken, am Becken und an den Beinen. Diese Wärme erfasst allmählich Ihren ganzen Körper und Sie fühlen sich total wohl.

Jetzt schließt Sie die Augen. Sie schauen in sich hinein und Sie sehen, wie diese Wärme wie eine Welle durch Ihren Körper fließt. Wie eine warme Welle von unten nach oben und von oben nach unten. Sie sehen diese Welle und erkennen, dass sie vor sich her lauter Schmutz schiebt. Diese warme Welle geht durch Ihren ganzen Körper, bis in die letzte Zelle Ihres Körpers. Es ist angenehm. Sie wäscht mit ihrer Wärme allen Schmutz aus Ihrem Körper, der ganze Schmutz wird heraus gewaschen. Sie sehen diese

Welle, wie sie mit dem ganzen Schmutz vor sich her nach oben kommt. Dann geht sie wieder nach unten und nimmt allen Schmutz mit. In Ihrem Bauch angekommen, fließt sie dann als ein Kreis um Ihren Bauchnabel herum.

Ganz langsam fließt sie mit all dem Schmutz im Kreis herum. Sie sehen, wie sich in diesem Kreis der ganze Schmutz sammelt. Der Kreis fließt jetzt schneller. Es ist ein so gutes Gefühl! Der Kreis wird immer schneller und je schneller er fließt, umso besser fühlen Sie sich. Es ist wie ein Strudel, der aber aus Ihrem Körper heraus führt. Sie sehen jetzt, wie der ganze Schmutz als Rauchwolke aus Ihrem Bauch steigt. Immer mehr Rauch strömt aus Ihrem Bauch. Je mehr Rauch ausströmt, umso besser fühlen sich. Jetzt sehen Sie im Strudel keinen Schmutz mehr.

Sie lassen den Strudel langsamer werden, bis er wieder ganz ruhig um Ihren Bauch kreist. Nicht das kleinste Körnchen Schmutz. Nun wird der Strudel wieder zur Welle und fließt durch Ihren Körper und Sie fühlen, wie Sie von starkem Glücksgefühl erfasst werden. Es ist so wunderbar, völlig befreit zu sein von allem Schmutz. Sie fühlen jetzt das Blut, wie es durch Ihren Körper strömt. Sie fühlen, wie sich Ihre Muskeln voller Energie füllen. Es ist ein starkes gutes Gefühl. Und jetzt fühlen Sie die Energie wie sie immer stärker in ihren Penis oder Ihre Vagina strömt. Ihr Penis/ Ihre Vagina füllt sich mit immer mehr Energie. Sie fühlen Ihre starke Lust. Das Lustgefühl wird immer stärker. Es ist kaum noch auszuhalten. Sie sind glücklich und fühlen sich nun völlig befreit. Sie schweben mit Ihren immer stärker werdenden lustvollen Gefühlen frei im Raum und geben sich diesen Gefühlen voll hin.

Danach stehen Sie auf. Verlassen die Wiese und gehen den Weg weiter nach oben. Mit jedem Schritt spüren Sie die Lust, wie sie zwischen Ihren Beinen wütet. Kurze Zeit später sehen Sie auf der Wiese viele nackte Menschen, wie sie sich lustvoll miteinander vergnügen. Die schauen plötzlich zu Ihnen und winken Ihnen freundlich zu. Sie zeigen, dass Sie zu Ihnen kommen sollen. In Ihrem Schritt wird es nun immer heißer. Sie gehen nackt zu Ihnen und stehen nun mitten unter diesen freundlichen, nackten Menschen. Nun leben Sie alle Ihre wilden Phantasien hemmungslos aus. Wie, mit wem und sooft Sie wollen. Sie testen alles aus, auf das Sie neugierig sind und einfach mal Lust dazu haben. Hemmungslos lassen sie ich einfach von ihren starken Lustgefühlen treiben. Sie erleben eine ekstatische Explosion in Ihrem Tiefenbewusstsein. Das ist überwältigend.Nun werden Sie von einem Lichtstrahl erfasst, der Sie wieder fortführt. Immer noch sind Sie sehr erregt und bedauern, dass Sie fortgeführt werden, von diesem wunderbaren Ort und diesen Menschen. Sie stehen wieder an Ihrem Lebensbaum und Ihr Begleiter steht neben Ihnen. Immer noch voller Erregung schauen Sie ihn fragend an. Er sagt, dass Sie nun mit allen diesen schönen und starken Gefühlen in Ihr Leben zurückgehen. Er zählt bis drei und sie wachen voller Freude auf.

Sie haben nun Ihr Tiefenbewusstsein auf lustvolle Gefühle programmiert. Es kann sein, dass es sofort wirkt, kann aber auch sein, dass Sie es öfter mal wiederholen müssen. Später reicht es dann, wenn Sie vor einer lustvollen Begegnung Ihren Begleiter aus dem Tiefenbewusstsein von hinten in sich rein lassen und diese herrlichen Gefühle spüren, die Sie in Ihrer Hypnose gespürt haben. Später brauchen Sie auch den nicht mehr und Ihre Gefühle und lustvollen Empfindungen sind eins mit Ihrem Tiefenbewusstsein. Erinnern Sie sich an Ihre hemmungslose Lust, die Sie in der Hypnose ausgelebt haben. Das hat Ihnen den Weg zu einem erfüllten und glücklichen Sexleben gezeigt. Lassen Sie sich davon leiten, solange sie sich oder anderen nicht dabei schaden, ist alles auch im wirklichen Leben erlaubt.

14.5 Die bioenergetische erotische Paar-Massage

Stress ist häufig ein Lustkiller und immer auch mit emotionalen Reaktionen verbunden. Unser Körper reagiert auf emotionalen Stress und bildet Blockaden, insbesondere im Energiefluss. Auch in unserem Lustempfinden kann das große Störungen hervorrufen. Ich habe dafür eine bioenergetische Massage entwickelt. Sie löst energetische Blockaden im Körper. Nach meinen Erfahrungen kann ich behaupten: Werden diese Blockaden nicht aufgelöst, so ist eine nachhaltige Bekämpfung von Stress und seinen Folgen, wie Müdigkeit, Ängste, psychosomatische Störungen, Sucht sowie Lust- und Potenzstörungen nicht möglich.

Deshalb wende ich seit 20 Jahren die von mir entwickelte und ständig verbesserte bioenergetische Massage an. Und das mit teilweise spektakulärem Erfolg. Es ist jetzt an der Zeit, diese Methode einer breiten Öffentlichkeit vorzustellen. In meinem Video stelle ich nun das erste Mal die komplette Ganzkörper-Massage Schritt für Schritt für jeden verständlich und anwendbar vor. Es ist ein Video für die Anwendung zuhause, aber auch für Profis, die diese einmalige Methode in ihr Programm aufnehmen wollen. Sie kann als genussvolle Vorsorge dienen oder schon vorhandene Energieblockaden lösen.

Die bioenergetische Massage eignet sich besonders bei:

Stress

Energieverlust

Müdigkeit

Psychosomatische Schmerzen

Ängsten

Luststeigerung

Potenzschwierigkeiten

Selbstbewusstseinsschwächen

Nutzen Sie diese intensive und befreiende Form der Massage, die nach meinem Vergleich noch wesentlich stärker wirkt als die Tantramassage, auch zum Aufbau einer außergewöhnlichen Steigerung von lustvollen Gefühlen. Sie kann in dieser entspannten, passiven Weise, zu einem extrem starken Orgasmus führen, eine größere Menge an Glückshormonen freisetzen und damit Körper und Seele dauerhaft stärken.

Ich lasse in meinem Video den erotischen Teil aus, damit es einer breiteren Masse zugänglich gemacht werden kann, und überlasse den Rest Ihrer Phantasie. Lassen Sie sich einfach dabei fallen und folgen Sie Ihren Gefühlen. Für Paare ist es eine wunderbare Art, sich auch energetisch ganz nah zu kommen. Sie verbinden sich immer stärker miteinander, was für Masseur und Massierten gleichermaßen sehr lustvoll ist und mit der Zeit eine emotionale Verbindung schafft. Es ist also auch für Paare oder Gruppen geeignet, die ihre Gefühle für einander wieder verstärken wollen.

Und so gehen sie bei der lustvollen Massage vor:
Wichtig dabei ist, dass Sie als Partner, der massiert wird, sich ganz passiv auf Ihre Energien und Gefühle, die dabei hervorgerufen werden, einlassen und ganz entspannt dabei blieben. Das müssen Sie vielleicht erst lernen. Es geht hier nicht um Sex, sondern um sexuelle Energie, die Sie in sich aufnehmen, bis sie so stark wird, dass Sie sich einfach gewaltig entladen müssen. Fassen Sie dabei Ihren Partner nicht an. Umso entspannter und bewusster Sie das genießen, umso stärker werden die Energien und Gefühle. Nachdem Sie als Masseur den Körper nach Videoanleitung ausreichend energetisiert und Blockaden abgebaut haben, erforschen Sie die erogenen Zonen des Partners. Bauen Sie

dort die Energie auf. Wenn Ihr Partner unruhig wird, beruhigen Sie ihn mit Worten, flüstern Sie dabei. „Ganz ruhig. Sei ganz entspannt." Fühlen Sie mit, wie Ihr Partner immer stärker erregt wird. Das ist dann auch für Sie ein Genuss. Gehen Sie dann zum Schluss an das Geschlechtsteil und stimulieren Sie dort weiter. Tun Sie das langsam und gefühlvoll. Wenn Sie merken, dass Ihr Partner immer erregter wird und es kaum noch aushält, flüstern Sie: „Ja gut. Schön machst du das. Sei glücklich." Wenn Sie merken, dass ein Höhepunkt aufsteigt, dann werden Sie noch langsamer und lassen Sie ihn dadurch gewaltig explodieren. Fühlen Sie diesen Höhepunkt Ihres Partners mit.

15. Buchempfehlungen

**Lust und Emotionen: Bisexuelle Erzählungen und Ratgeber
Mit 27 Miniaturzeichnungen**

In vielen von uns wohnt das tiefe Bedürfnis der sexuellen Vielfalt. Dazu gehören auch polygame und bisexuelle Fantasien. Sie sind ein Produkt der Evolution. Das betrifft Männer wie Frauen.

In ihren erotischen Erzählungen beleuchtet der Autor Noah Fakier unterhaltsam und vorurteilsfrei ein großes Spektrum der Sexualität.

Sie tragen damit zu einem höheren Verständnis- und Erkenntnisprozess bei. In Prologen gibt Lutz Knoche Hinweise zu dem Thema Bisexualität in der heutigen Zeit.

Während Noah Fakier erotische Geschichten dazu vorstellt, und bereichert dabei mit 27 Miniaturzeichnungen dieses außergewöhnliche Buch.

Erhältlich in allen Buchhandlungen, unter ISDN 9783750411906

Noah Fakier
Zeichenmappe „Der Liebesreigen" zum Buch Lust und
Emotionen

18 Erotische Zeichnungen über die wunderbare Vielfalt der
Liebe. Die erste Zeichenmappe von Noah Fakier-Männer I
hat mittlerweile auch schon
international Beachtung
gefunden und wurde zu
einem Bestseller im BoD
Verlag. Es ist anzunehmen,
dass Der Liebesreigen mit
seinen ausdruckstarken
Zeichnungen, daran
anknüpft. Die Darstellung
der körperlichen Liebe wird
hier nicht pornographisch,
aber in seiner ganzen
aufregenden und natürlichen
Schönheit dargestellt. Die

Zeichnungen werden hochwertig auf 200g Papier im
Brillantdruck und in einem Ringhefter für den deutschen
Sammler angeboten. Eine Qualität die sich lohnt. Jede
Zeichnung kann auch einzeln herausgetrennt werden. Dazu
gibt es noch aus organisatorischen Gründen eine zweite
Variante, hauptsächlich für den ausländischen Markt, auf
90g Papier im Brillantdruck in gebundener Form. Die
natürlich auch in Deutschland erhältlich ist. Dahin
gelangen sie indem sie auf Noah Fakier anklicken. Die beste
Präsentation findest du auf:

https://www.bod.de/buchshop/zeichen-mappe-sign-
solution-der-liebesreigen-noah-fakier-9783749497690

Bilder aus der Zeichenmappe „Der Liebesreigen"
–Auszug-

Dr. Lutz Knoche

In diesem Buch erfahren Sie welche Gedanken, Gefühle und Handlungen, die bisher meist unerkannt blieben, Sie von der Erfüllung Ihrer Wünsche abhalten. Sie erfahren, wie Sie diese Gedanken und Gefühle ändern können und damit die Weichen zur Zielerfüllung stellen. Lesen sie wie sie ihre Wünsche richtig formulieren damit sie gehört werden. Beschreiten sie unter Anleitung den Weg in eine neue Bewusstseinsebene. Lesen sie welche einfache Methode ihnen wirklich hilft ihr Ziel zu erreichen. Sie erfahren Schritt für Schritt was sie tun müssen damit ihre Wünsche wie Liebe, Glück, Gesundheit und Erfolg in Erfüllung gehen. Steige ein in die existenzielle Welt deines eigenen Ich's, wo Körper, Denken, Gefühle, Bewusstsein und universelles Bewusstsein eine Einheit bilden. Erstmalig wird in diesem Buch auch ein extrem wirksames „Gebet" vorgestellt, mit dem du noch schneller zum Erfolg kommst.

ISBN: 9783752688665

Dr. Lutz Knoche

Die Bioenergetische Massage- Lehrvideo

Stress und traumatische Erlebnisse manifestieren sich auch körperlich. Es entstehen Energieblockaden.
Blockaden, die unseren Körper erheblich schwächen können.

Das Video zeigt ihnen wie sie diese Störungen beheben oder das allgemeine Wohlbefinden erheblich steigern können. Zum privaten Gebrauch oder als professionelle Massageschulung geeignet.

Sie erhalten es ab Mai 2021 als CD. Dauer ca. 90 Minuten,

Preis: 29,95€

Bestellung und Bezahlung über pay pal

drlutzknoche@aol.com